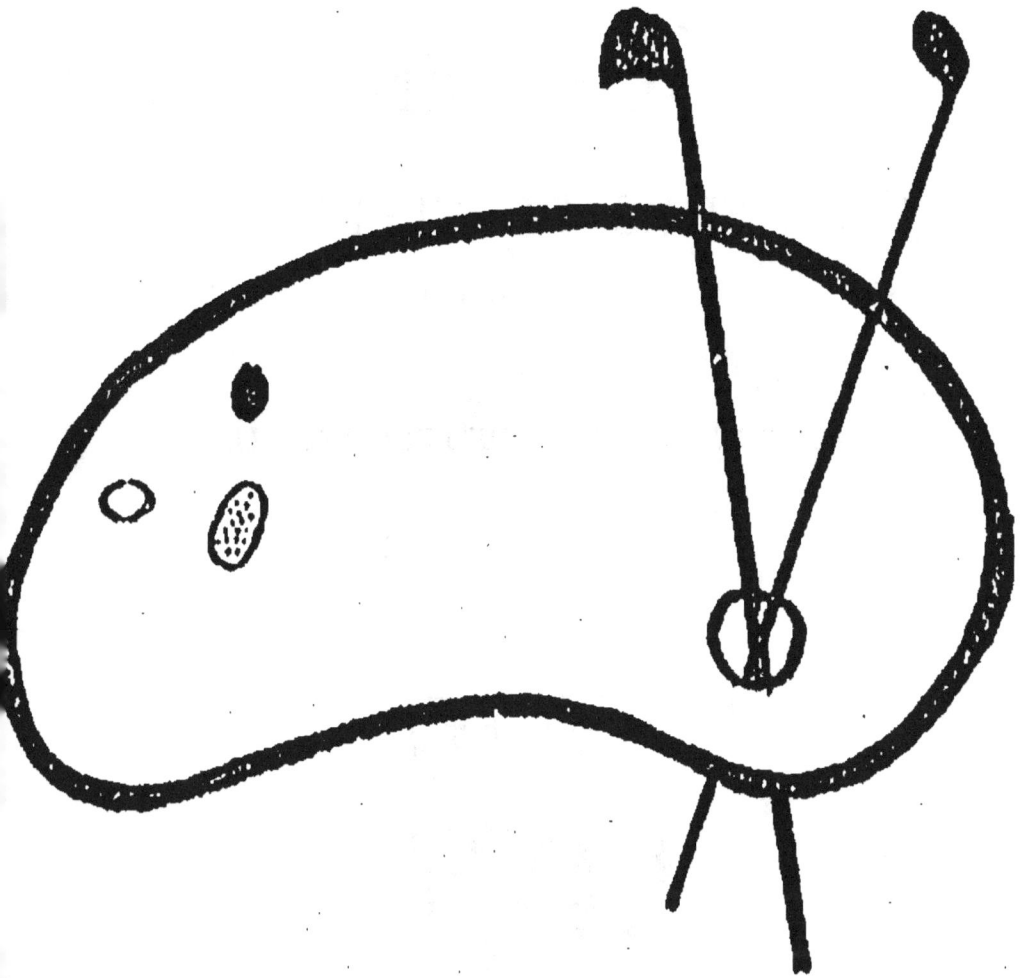

DEBUT D'UNE SÉRIE DE DOCUMENTS
EN COULEUR

CHRONIQUE ET GÉNÉALOGIE

DES

GUILLEM

SEIGNEURS DE CLERMONT

DIOCÈSE DE LODÈVE

ET DES

DIVERSES BRANCHES DE LEUR FAMILLE

PAR ERNEST MARTIN

Ancien Officier de Marine

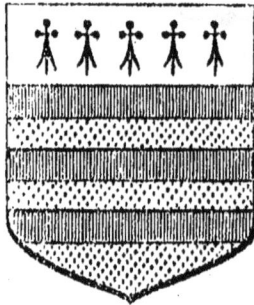

MARSEILLE

TYPOGRAPHIE ET LITHOGRAPHIE BARLATIER ET BARTHELET

Rue Venture, 19

1892

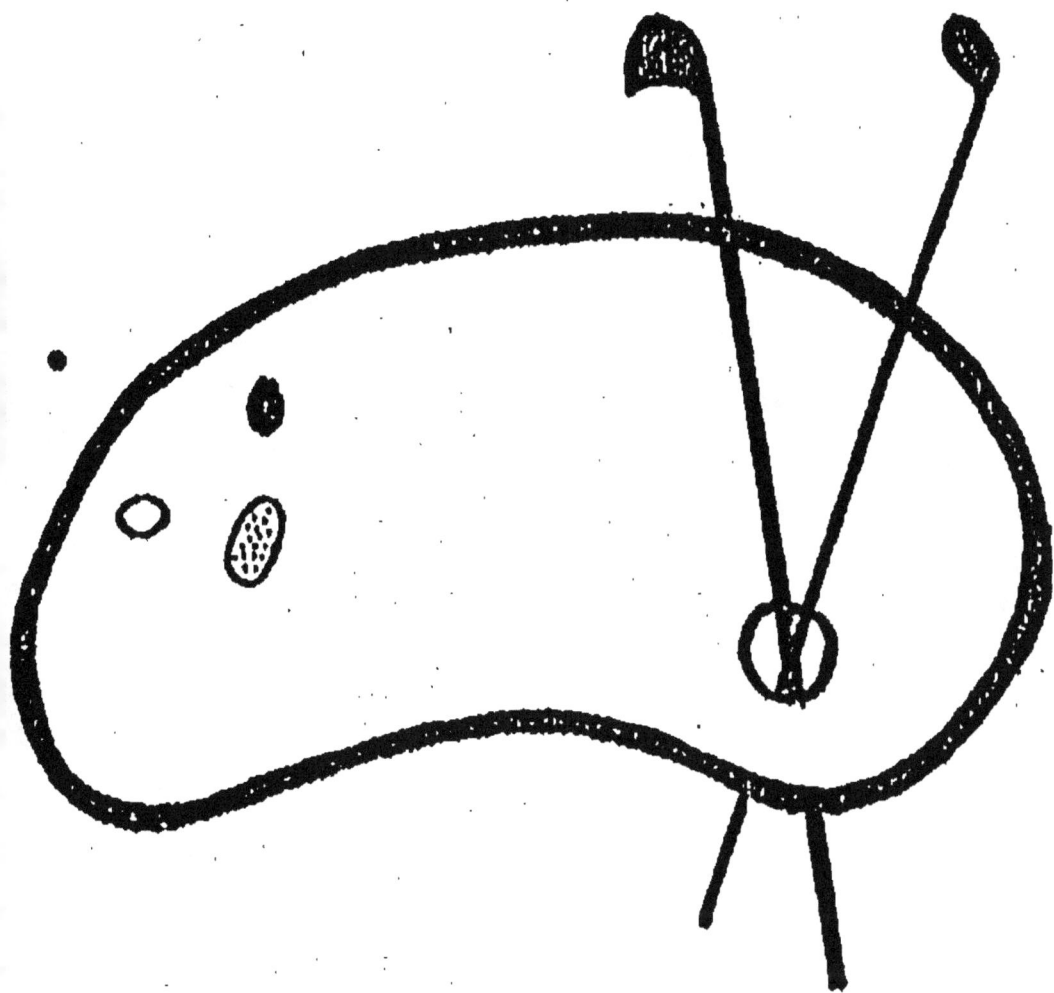

FIN D'UNE SERIE DE DOCUMENTS
EN COULEUR

CHRONIQUE

DES

GUILLEM

CHRONIQUE ET GÉNÉALOGIE

DES

GUILLEM

SEIGNEURS DE CLERMONT

DIOCÈSE DE LODÈVE

ET DES

DIVERSES BRANCHES DE LEUR FAMILLE

Par Ernest MARTIN

Ancien Officier de Marine

MARSEILLE

TYPOGRAPHIE ET LITHOGRAPHIE BARLATIER ET BARTHELET

Rue Venture, 19

—

1892

Ce Livre a été tiré à Cent Exemplaires numérotés.

N°

Ce livre est une simple chronique des Seigneurs de Clermont et des divers rameaux qui en sont issus. Des éclaircissements sous forme de notes et quelques pièces inédites intéressant l'histoire de cette famille le complètent.

E. M.

LES SEIGNEURS

DE CLERMONT

LES GUILLEM

L'origine des Guillem (1) seigneurs de Clermont au diocèse de Lodève est obscure. Suivant l'auteur anonyme de l'Histoire Chronologique des seigneurs de Clermont-Lodève, (2) les Guillem descendent de Guillaume duc de Toulouse, — saint Guillem de Gellone — parent de Charlemagne, et ont une origine commune avec les comtes de Toulouse, les comtes de Pamiers et de Comminges et les seigneurs de Montpellier.

Cette opinion, admise par divers historiens, ne repose que sur une similitude de nom et l'Histoire ne la confirme pas. La famille du duc Guillaume s'éteignit dans la seconde moitié du IXᵉ siècle ; il faut donc renoncer à donner aux Guillem une aussi illustre origine. L'ignorance sur les commencements de cette famille est absolue ; son nom indique une origine Franque. Venue peut-être en Septimanie au VIIIᵉ siècle à la suite de Pepin ou de Charlemagne, elle dut recevoir des souverains Francs des bénéfices qui devinrent, par la suite, un fief héréditaire (3).

Vers la fin du XIᵉ siècle et au commencement du XIIᵉ on trouve le nom de Guillem dans divers documents, mais sans pouvoir affirmer que ceux qui le portent sont seigneurs de Clermont ou font partie de leur famille (4).

(1) Voir la note I.
(2) Voir la note II.
(3) Voir la note III.
(4) Voir la note IV.

En 1130, on voit, pour la première fois, un Guillem de Clermont; il figure comme témoin dans l'accord survenu entre Bernard IV comte de Melgueil et Guillaume VI, seigneur de Montpellier, par lequel Bernard donne à Guillaume trois deniers par chaque vingt sous de la monnaie frappée à Melgueil (1).

AYMERI I.

En 1138, Pierre, évêque de Lodève, donne l'église de sainte Marie de Cornils, près Clermont, à un monastère d'hommes qui se fondait en ce lieu. Parmi les témoins de l'acte de donation, figurent *nobles hommes paroissiens de l'évêque* Aymeri de Clermont et Ermengaud son frère (2).

On retrouve ces deux noms dans le testament de Raymond Trencavel, vicomte de Béziers en 1154. Dans l'énumération des biens qu'il laisse à sa fille, figure le fief d'Aymeri de Cler. mont et d'Ermengaud de Poiglechier (Puylacher) (3). Nous croyons que ce fief n'était pas Clermont, mais Puylacher, possédé en commun par les deux frères et qui appartint peu après en totalité aux seigneurs de Clermont (4).

Guillaume VI, seigneur de Montpellier, ayant été chassé de cette ville par une révolte des habitants et voulant se procurer des subsides pour la récupérer, engagea à Aymeri la seigneurie

(1) *Hist. de Languedoc*, t. v. Preuves, c. 970.
(2) *Gallia Christiana*, t. vi. Preuves. 279.
(3) *Hist. de Languedoc*, t. v. Preuves, c. 1172.
(4) En 1182, il fut donné en douaire à Marie de Montpellier, femme d'Aymeri II, seigneur de Clermont.

de Paulhan avec les moulins et le bac sur l'Hérault (1).
Aymeri, à sa mort, les laissa à sa femme Aymerie ; dans la
suite, l'engagement fut retiré par Guy Guerrajat, fils de
Guillaume VI, seigneur de Montpellier (2).

Sous son règne, et avant l'an 1147, fut fondée la maison
de Nebian des Hospitaliers de Saint-Jean de Jérusalem (3).

Aymeri étoit mort en 1156.

BÉRENGER I (4).

Bérenger I succéda à Aymeri I.

Il figure (Berengarius Guilhermus) comme témoin dans
l'engagement de la leude de Saint Thibéry, fait le 30 avril

---

(1) D'Aigrefeuille : *Histoire de Montpellier*, t. 1, p. 42. — D'Aigrefeuille dit
que cet engagement eut lieu en 1142; il est difficile d'admettre cette date. Dans
le testament en date du 11 décembre 1146 qu'il fit avant d'aller en Espagne
guerroyer contre les Maures, Guillaume VI de Montpellier donne à son cinquième
fils Guy (Guerrajat) le château de Paulhan avec ses dépendances à condition
que lorsque Guy aura atteint l'âge de vingt ans, le seigneur de Montpellier
rachètera Paulhan au comte de Barcelone pour la somme pour laquelle il
avait été engagé, soit 5,000 sous (*Hist. de Languedoc*, t, III, pp. 737-738). Ainsi
donc, en 1146, Paulhan est engagé au comte de Barcelone. Pour que dans la
suite Guy Guerrajat l'ait retiré des mains de Aymerie, femme de Aymeri I
seigneur de Clermont, il faut qu'après avoir été dégagé du comte de Barcelone,
par conséquent postérieurement à 1146, date du testament de Guillaume VI,
Paulhan ait été engagé au seigneur de Clermont.

(2) *Hist. de Languedoc*, t. VIII. Preuves c. 303.

(3) C'est à tort que Julien et Durand placent cette fondation en 1157, sous
Bérenger, successeur d'Aymeri. — Voir la note v.

(4) *Béranger II*, de Julien et de Durand. — D'après Julien (p. 172), Béranger,
en 1147, aurait assisté Pierre de Raymond, évêque de Lodève, contre Richard,

1156 par Raymond Trencavel, vicomte de Béziers à Guillaume de Montpellier, pour la somme de xiv mille sous melgoriens (1).

Lors des différends, entre Hugues, comte de Rodez et Gaucelin, évêque de Lodève, pour la possession du chateau de Montbrun, qui donnait la supériorité sur Lodève et une partie du Lodevois, Bérenger prit le parti du comte. Une transaction eut lieu, en 1167 par laquelle l'évêque et le comte devaient occuper le château, chacun pendant six mois (2).

A la suite de cette paix, en 1172, Bérenger aurait rendu hommage à l'évêque, lui promettant de lui payer à la Pâques prochaine 2000 sous melgoriens en compensation de ce qu'il lui avait enlevé. Les Bénédictins, relatant cet hommage (3), ajoutent : « à ce que l'on prétend » (4). Cet hommage, en effet, n'est rien moins que certain (5).

Le 28 janvier 1176, Bérenger est garant de l'engagement fait par Roger vicomte de Béziers à Elzéar de Castries des péages perçus sur les hommes et les marchandises passant sur le chemin de Béziers à Montpellier (6).

comte de Rodez. Or, à cette date, le seigneur de Clermont était Aymerie I. Il dit aussi (p. 172), que Bérenger vit successivement mourir trois évêques de Lodève : Pierre de Raymond, Pierre de Posquières et Gaucelin de Montpeyroux ; et plus loin (pp. 179-180), il place en 1175 l'époque de la mort de Bérenger. — D'après Plantavit (p. 94), Gaucelin de Montpeyroux mourut en 1187 ; il y a donc contradiction entre les deux dates données par Julien. L'époque de la mort de Bérenger doit être placée entre 1176 et 1184 date de l'hommage rendu à l'évêque Gaucelin par Aymeri II successeur de Bérenger.

(1) *Histoire de Languedoc*, t. v. Preuves, c. 1181.
(2) Plantavit, p. 91. — *Hist. de Languedoc*, t. vi, p. 65.
(3) D'après Plantavit, p. 92.
(4) *Hist. de Languedoc*, t. vi, p. 66.
(5) Voir la note vii.
(6) *Hist. de Languedoc*, t. viii. Preuves, c. 311.

AYMERI II.

Aymeri II succéda à son père Bérenger Ier à une date que nous ne connaissons pas, mais qui est comprise entre 1176 et 1184. On ne sait si Bérenger vivait encore lorsque Aymeri épousa, au mois de novembre 1182, Marie quatrième fille de Guillaume VII, seigneur de Montpellier et de Mathilde de Bourgogne (1). Guillaume VIII son frère qui la maria avec Aymeri lui donna en dot cent marcs d'argent fin; et Aymeri de son côté, lui assigna pour douaire le château de Puylacher et l'église de Saint-Pierre d'Aumelas (2).

En 1184 (3), Aymeri de Guillem, *seigneur de Clermont,*

(1) *Histoire de Lang.*, VI, 47. — Julien, afin de donner les Empereurs d'Orient pour aïeux aux seigneurs de Clermont, dit que, en 1147, Guillaume VII, seigneur de Montpellier, épousa Mathilde, fille d'Emmanuel, empereur de Constantinople (p 174). Il ajoute (p. 189), que dans le contrat de mariage de sa fille Marie-Navarre, *qui est aux archives de Clermont*, Mathilde, bien que fille d'Empereur, ne prend que le titre de duchesse. L'assertion si précise de Julien est néanmoins en contradiction avec l'histoire; c'est Guillaume VIII, frère de Marie, qui épousa, en 1174, Eudoxie — et non Mathilde — fille de Manuel Comnène, empereur de Constantinople (*Hist. de Lang.*, VI, 62). On remarquera que Julien donne à la femme d'Aymeri le nom de Marie-Navarre, tandis que les Bénédictins la désignent seulement sous celui de Marie La femme du seigneur de Clermont portait en effet ces deux noms; dans un acte de 1195, elle est désignée sous celui de Navarre. — Voir Pièce n° IV.

(2) *Hist. de Lang.*, VI, 47. Les Bénédictins disent que Marie de Montpellier eut pour douaire Puylacher et le château de St-Pierre de Amelariis (St-Pierre d'Aumelas). Il n'existait pas de château de ce nom, mais bien le château d'Aumelas, appartenant aux seigneurs de Murviel. En 1187, Raimond Aton de Murviel le donna à Guillaume VIII seigneur de Montpellier, et le reprit de lui en fief (*Hist. de Lang.*, VIII, Preuves c. 389). Il y avait dans le château une église sous le vocable de St-Pierre-d'Aumelas; (Thomas, *Dictionnaire topographique du département de l'Hérault*); c'est elle qui fit partie du douaire de Marie. On sait qu'au XIIe siècle, les seigneurs féodaux possédaient des églises.

(3) Plantavit, p. 94.

donna en alleu à Gaucelin, évêque de Lodève, toutes les possessions que son père et lui avoient dans le haut Lodevois; il les reprit en fief et en rendit hommage à l'évêque. Ces terres comprenoient un alleu au-dessus du Bosc, Esparrou, la villa des Plans, le château de Saint-Privat, le territoire de Parlages, moins le château que se réservoit Aymeri (1).

La même année 1184, au mois de juin, Aymeri et Roger II, vicomte de Béziers transigent au sujet des mines situées dans leurs terres ; ils se donnent mutuellement la moitié de celles qu'ils possèdent ou pourroient posséder dans le territoire de Cabrières et dans tout le pays compris entre la Peyne et la Dourbie (2).

En 1195, Aymeri donne aux Hospitaliers de Saint-Jean de Jérusalem tout ce qu'il possédait dans la villa de Sainte-Eulalie (3) et choisit sa sépulture dans le cimetière des Hospitaliers de Nébian (4). Et le 11 avril de la même année, il exempte du paiement des droits de leude, les religieuses de Nonenque (5) dont Belixende étoit alors abbesse (6).

En 1198, Pierre de Froter, évêque de Lodève, donne à Aymeri, à condition d'hommage, divers alleux dont Plantavit qui relate le fait, ne donne pas la désignation (7).

L'année suivante, le xv des calendes de juillet (17 juin 1199), il assiste Hugues de Fozières, abbé de Gellone, dans une transaction avec Raymond de Saint-Maurice (8).

En 1207, les habitants de Lodève qui avaient, en grande

---

(1) Toutes ces localités sont situées dans le canton actuel de Lodève.
(2) *Hist. de Lang.*, VIII, Preuves, c. 379.
(3) Sainte-Eulalie-du-Larzac, en Rouergue.
(4) *Archives des Bouches-du-Rhône. — Fonds de Malte. —* Voir Pièce n° IV.
(5) Nonenque, monastère de Bénédictines en Rouergue, diocèse de Vabres.
(6) *Gallia Christ.,* I, 292.
(7) Plantavit, pp. 101-102.
(8) *Gallia Christ.,* VI, 591.

partie, embrassé l'hérésie des Albigeois, se soulèvent contre leur évêque Pierre Froter et le massacrent. Aymeri marche sur Lodève, fait arrêter les principaux coupables qui sont mis à mort, après que Pierre IV de Lodève est élu évêque (1). C'est sans doute en gratitude de l'aide reçue d'Aymeri que Pierre de Lodève lui donna en fief, en 1209, le village de Salasc (2).

L'accord ne fut pas de longue durée entre le baron et l'évêque. Les croisés contre les Albigeois étant arrivés dans le Languedoc (1209), Aymeri prend parti pour Raymond Roger, vicomte de Béziers, son parent (3), s'empare des biens de l'Eglise et est excommunié.

Mais, quelques mois à peine écoulés, Roger mort et les croisés victorieux, il se tourne du côté des vainqueurs, achète de Simon de Montfort, au prix de 200 mille sous melgoriens, la ville de Gignac confisquée sur le comte de Toulouse (4) et fait sa soumission aux légats du Pape en 1210. Ceux-ci, étant à Narbonne, le relèvent de l'excommunication et peu de jours après, étant à Montpellier, le condamnent à rendre les biens enlevés à l'Eglise et à aller combattre les Sarrasins d'Espagne pendant trente jours, non compris le temps employé au voyage (5).

Au mois de juillet 1215, le roi Philippe-Auguste (6)

---

(1) Plantavit, p. 107.

(2) Ibid., p. 109.

(3) Raymond Roger, vicomte de Béziers et de Carcassonne, avait épousé en 1203 Agnès, fille de Guillaume VIII, seigneur de Montpellier, et nièce de la femme d'Aymeri de Clermont.

(4) Julien, p. 205.

(5) Plantavit, p. 110.

(6) Bibliothèque de l'Ecole des Chartes, t. 37, p. 385.— Plantavit (p. 131) indique 1216 comme la date de la lettre écrite par Philippe-Auguste à Aymeri de Clermont. — Julien (p. 219) qui fait mourir Aymeri en 1215 dit que la lettre fut adressée à son fils Berenger. — Durand (p. 88) dit que Berenger succéda à Aymeri en 1216.

mande à Aymeri seigneur de Clermont et à tous les seigneurs laïques et clercs du diocèse de Lodève, que Pierre évêque de Lodève est devenu son homme et que lui, le Roi, lui a confirmé les droits régaliens, antérieurement concédés aux évêques de Lodève. Il leur ordonne d'obéir à l'évêque comme à lui-même en tout ce qui concerne les droits régaliens et de lui rendre hommage.

Simon de Montfort était mort en 1218 ; au commencement de l'année suivante — 7 janvier 1219 — on retrouve Aymeri de Clermont dans le parti du comte de Toulouse, car il est l'un des témoins de la donation faite par Raymond le jeune, fils de Raymond VI, à P. de Meze et à Pons de Caux du village de Loupian, de l'église de Palais et du château de Balaruc (1).

Plusieurs années après, à une époque qu'il n'est pas possible de préciser (2), Aymeri est chassé de Clermont par son fils Bérenger et en appelle à l'évêque de Lodève, Pierre IV de Lodève. Celui-ci juge en faveur d'Aymeri, mais Bérenger fait appel au Roi et, en 1233, Louis IX écrit à l'évêque d'Uzès d'examiner si cet appel est fondé ; dans le cas contraire, de renvoyer l'affaire à l'évêque de Lodève (3). L'évêque d'Uzès jugea sans doute que la sentence était juste, car on voit dans les enquêtes des enquêteurs royaux Pierre de Castro et frère Jean du Temple, faites en 1247-1248, que Aymeri rentra en possession de sa terre (4).

Lorsque Bertrand de Mornay succéda à Pierre IV de Lodève dans l'évêché de Lodève en 1239, Aymeri refusa de lui rendre hommage, et reçut dans son château de Clermont

(1) *Hist. de Lang.*, VIII, Preuves, c. 698.
(2) Julien place la révolte de Bérenger en 1209.
(3) Plantavit, p. 142.
(4) *Hist. de Lang.*, VII. Enquêteurs, cc. 100-101.

un agent de Raymond VII, comte de Toulouse, qui essayait de réveiller les droits de ses ancêtres sur le Lodevois et faisait saisir les biens de l'Eglise. L'évêque excommunia Aymeri et en appela au roi Louis IX qui manda au Sénéchal de Carcassonne d'obliger Aymeri à rendre hommage à l'évêque. Celui-ci, craignant que le seigneur de Clermont se fit relever de l'excommunication en s'adressant à l'autorité ecclésiastique supérieure, prit les devants et se plaça avec son église sous la protection du cardinal de Palestrine, légat du Saint-Siège, qui était alors à Narbonne et en appela à lui (1).

Aymeri mourut peu après, car l'année suivante (1240) Louis IX ordonna au Sénéchal de Carcassonne de forcer Bérenger Guillem de Clermont de rendre hommage à l'évêque de Lodève.

Aymeri, marié à Marie de Montpellier, eût pour fils :

1. BÉRENGER, qui lui succéda ;
2. Aymeri, Sénéchal en Venaissin du comte de Toulouse Raymond VII, en 1246 et 1248 (2). En 1242, il suivit le parti du comte de Toulouse révolté contre le roi de France et fut excommunié avec lui par l'archevêque de Narbonne (3). Son fils, nommé aussi Aymeri, tige des seigneurs de Lacoste, rendit hommage, en 1270, à Raymond évêque de Lodève (4);
3. Ermengaud, et
4. Paul Raymond qui, avec leur frère Aymeri, embrassèrent en 1242 la cause du comte de Toulouse et furent excommuniés avec lui (5).

(1) Plantavit, pp. 150-151. — *Hist. de Languedoc*, VI, p. 712.
(2) *Hist. de Lang.*, VIII. Preuves, cc. 1994, 1995, 1997.—Pithon-Curt, IV, 598.
(3) *Hist. de Lang.*, VIII. Preuves, c. 1091.
(4) Plantavit, p. 209.
(5) *Hist. de Lang.*, VIII. Preuves, c. 1091.

5. Marquise, femme de Pierre de Lauran, fils de Pierre-
Roger de Cabaret. Lors de la croisade contre les
Albigeois, Pierre de Lauran prit le parti du comte de
Toulouse et fut, après la défaite de son suzerain, dépos-
sédé de sa terre. Cette situation durait encore lorsque,
après la mort de Simon de Montfort, il épousa Marquise. Pierre prit encore le parti de Raymond VII
lorsque le roi Louis VIII vint, en 1226, assiéger Avignon. Il devait, sans doute, être mort en 1256 lorsque
sa femme Marquise demanda aux enquêteurs royaux
Gui Fulcodi et ses collègues, la restitution des biens
confisqués sur son mari (1).

BÉRENGER II. (2).

En 1202 (3), Guillaume VIII Seigneur de Montpellier fit,
dans son testament, une substitution graduelle de ses terres
entre ses enfants et, à leur défaut, entre ses neveux Raymond
Gaucelin, Seigneur de Lunel, Raymond de Roquefeuil et
Bérenger de Guillem.

Nous ne reviendrons pas sur ses querelles avec son père
auquel il succéda en 1239 ou 1240. Comme lui, il refusa de
rendre hommage à Bertrand de Mornay évêque de Lodève;
et le roi Louis IX dut écrire (1240) au Sénéchal de Carcas-

(1) *Hist. de Lang.*, VI, 850. — *Ibid.*, VII. Notes : Enquêteurs royaux, c. 334.
(2) Partie de Bérenger III et de Bérenger IV, de Julien. — Bérenger IV, de
Durand.
(3) *Hist. de Lang.*, VI, 203.

sonne de forcer Bérenger Guillem de Clermont à rendre hommage à l'évêque (1).

Lors du soulèvement de Raymond VII, Comte de Toulouse, contre le roi de France en 1242, les habitants de Clermont se rangent du parti du Comte. Bérenger, fidèle au roi, est chassé de Clermont (2). Ses trois frères Aymeri, P. Ermengand, Paul Raymond, sont à la tête de ses vassaux révoltés contre lui. Ils sont excommuniés (3) par Pierre Amelii, archevêque de Narbonne, que Raymond VII avait chassé de son siège (4). La même année (1242), Raymond VII ayant fait la paix avec le roi, Bérenger rentre dans Clermont. En punition de leur révolte, les habitants sont privés de leurs franchises et de leur consulat (5).

Lors de l'avènement de Guillaume de Cazouls au siège épiscopal de Lodève, Bérenger refuse de lui rendre hommage. S'il fallait en croire Plantavit, Louis IX aurait fait venir le baron et l'évêque à Pontoise et la veille des calendes de juin 1243, il aurait obligé Béranger à rendre hommage à Guillaume de Cazouls pour toute sa terre, Ceyras excepté. Après quoi, le roi aurait rendu hommage à l'évêque pour Ceyras(6).

Bérenger s'étant emparé des biens de l'hôpital de Clermont, le pape Innocent IV, sur la plainte du recteur de l'hôpital, écrivit en 1246 à l'évêque de Lodève de forcer Bérenger à restitution, mais cependant de ne pas l'excommunier sans en avoir reçu le mandat spécial du Saint-Siège (7).

(1) Plantavit, p. 152.
(2) Transaction, p. 68 : Lettre du roi Philippe IV.
(3) *Hist. de Languedoc*, VI, 744.
(4) *Ibid.*, VIII. Preuves, c. 1091.
(5) Transaction, p. 69.
(6) Plantavit, p. 155. — Nous ne croyons pas à l'hommage rendu par le roi à l'évêque ; voir la note VII.
(7) *Ibid.*, p. 170.

Bérenger fut l'un des témoins de la cession faite le 7 avril 1247 par Trencavel, vicomte de Béziers, à Louis IX, de tous ses droits sur les vicomtés de Béziers et de Carcassonne, etc. (1). Il assista aussi à la protestation que firent le même jour l'archevêque de Narbonne, les évêques de Béziers et d'Agde, pour réserver tous les droits dont ils jouissaient au moment de cette cession (2).

A cette même époque la bonne harmonie ne régnait pas entre Bérenger et l'évêque Guillaume de Cazouls. Pour terminer leurs différends, ils prirent pour arbitres Godefroy, Seigneur de Faugères et Guillaume de Lodève, chevaliers. Malgré les injonctions du roi, les arbitres ne purent les concilier; aussi, Louis IX écrivit-il— mai 1247 — à Jean de Cranis, Sénéchal de Carcassonne, d'obliger les arbitres à rendre leur jugement et les parties à s'y conformer (3).

Bérenger était aussi en querelle avec ses vassaux de Clermont; depuis qu'ils étaient privés de l'appui de leurs consuls, il pesait sur eux, en exigeait des redevances excessives. Malgré leurs plaintes au roi, Béranger continuant ses exactions, le roi Louis IX écrivit, vers août 1247, au sénéchal Jean de Cranis, de s'adjoindre l'archevêque de Narbonne et Guillaume de Lodève, de faire avec eux une instruction sur les faits reprochés à Bérenger et d'empêcher que, pendant ce temps, le Seigneur continuat à fouler la communauté (4). Bérenger représenta alors au roi que certains de ses vassaux avaient formé des associations dirigées contre lui; que malgré ses injonctions, ils avaient refusé de les dissoudre; qu'il les avait alors traduits devant sa Cour où siégeait un juge de celle du

(1) *Hist. de Languedoc*, VI, 784.
(2) *Ibid.* VIII. Preuves, cc. 1208-1209.
(3) *Ibid.,* VIII. Preuves, c. 1227.
(4) *Ibid.* VIII. Preuves, c. 1228.

Sénéchal, et que, enquête faite, ainsi qu'il en avait le droit suivant la coutume du pays, il les avait condamnés justement. Le roi écrivit alors au Sénéchal, vers décembre 1247, que si les choses étaient ainsi, il laissât Bérenger en paix et ne le troublât pas dans ses informations qu'il ferait suivant la coutume du pays.

Malgré cette lettre du roi, l'affaire restait pendante devant la Cour du Sénéchal ; le jugement était différé par suite de la maladie de Jean de Cranis. Le roi lui écrit alors, — 24 février 1248, — que puisque il est malade, il se fasse remplacer par une personne honorable qui, avec l'archevêque de Narbonne et Guillaume de Lodève, entendront l'affaire, la jugeront, *afin*, dit le roi, *que je n'en entende plus jamais parler* (1).

L'arrêt des arbitres condamna les habitants de Clermont à payer à leur Seigneur 13,000 sous melgoriens, avec défense de tenir toute assemblée. Le Seigneur, de son côté, dut s'engager à protéger ses vassaux catholiques, à les laisser jouir en paix de leurs biens, à avoir des juges intègres, à ne pas donner l'office de baille à un juif, etc. (2).

Malgré la clause de l'arrêt qui interdisait toute assemblée, Bérenger autorisa cependant ses vassaux à nommer en 1249 quatre syndics qui, au nom de la communauté, jurèrent fidélité au Roi, à l'Eglise et au Seigneur. Ils promirent que tous les habitants feraient profession publique de catholicisme. Il fut interdit à neuf anciens Albigeois de se réunir entr'eux, de sortir de nuit et d'enterrer leurs morts dans le cimetière de la ville (3).

---

(1) *Hist. de Languedoc*, VIII. Preuves c. 1229.
(2) Julien, pp. 238-239. Selon lui, les arbitres avaient été Raymond, évêque de Béziers, et Ginalfred, seigneur de Faugères.
(3) Julien, p. 239.

Bérenger mourut cette même année, 1249, (1). On ne connaît pas le nom de sa femme (2). Il eut pour fils :

1. BÉRANGER qui lui succéda.
2. Aymeri. En 1248, il suit Louis IX à la croisade (3). En 1261, il revendique devant la Cour du roi la terre de Clermont; il est débouté.
3. Pierre, co-seigneur de Mourèze (4). Il est excommunié par l'évêque de Lodève, Pierre de Cazouls, qu'il avait fait prisonnier; après l'avoir remis en liberté, il consentit à lui rendre hommage en 1254 (5). En 1269, il est convoqué par le Sénéchal de Carcassonne, Guillaume de Cohardon, à l'assemblée des prélats, des nobles et des communes qui eut lieu à Carcassonne pour délibérer sur l'interdiction de la sortie des blés de la Sénéchaussée (6).

BÉRENGER III. (7)

Bérenger III, comme son père, fut en guerre avec l'Église. Il fut excommunié par l'évêque de Lodève Guillaume de Cazouls, parce qu'il empêchait le prieur de Gorjan d'enfer-

(1) *Hist. de Lang.*, VII. Enquêteurs, cc. 100-101.
(2) Pithon-Curt, t. II, p. 87, dit que d'après des titres domestiques, il fut marié à Hélène de Clermont, dame de St-Gervais et de Boussagues et en partie de Clermont. — C'est le petit-fils de Bérenger II, Béranger IV qui épousa la dame de St-Gervais et de Boussagues, nommée Alix de Boussagues.
(3) Julien, p. 240.
(4) *Ibid.*, p. 142.
(5) Plantavit, p. 184.
(6) *Hist. de Languedoc*, VIII, Preuves, c. 1665.
(7) Bérenger IV, de Julien. — Bérenger V, de Durand.

mer la vendange de l'église de Saint-Etienne dans les celliers que le prieur avait dans l'intérieur de Clermont. Bérenger ne tint aucun compte de l'interdit de l'évêque; aussi le pape Innocent IV écrivit-il en 1253 à l'abbé de Saint-Paul de Narbonne de confirmer cette excommunication (1).

Dès qu'il eut succédé à son père, Bérenger offrit au roi de lui rendre l'hommage qu'il refusait à l'évêque Guillaume de Cazouls. Louis IX était à la croisade; son jeune fils Louis accepta l'offre du seigneur de Clermont; au mois d'avril 1252 (1253 n. s.) il écrivit au sénéchal de Carcassonne (2) de laisser Bérenger en possession de Clermont, attendu qu'il offrait d'en rendre hommage au roi son père. Guillaume de Cazouls en appela au roi; mais Bérenger, aidé de son frère Pierre, se saisit de l'évêque et le maintint prisonnier. Le pape Alexandre IV écrivit alors à l'archevêque de Narbonne d'excommunier Bérenger et ses fauteurs, de mettre l'interdit sur leurs terres jusqu'à ce qu'ils se repentissent et donnassent caution de se présenter, s'ils en étoient requis, devant Sa Sainteté. L'appel de l'évêque fut admis par la cour du roi et Bérenger, sur l'ordre du roi, ou plutôt du Conseil de régence institué auprès de son jeune fils, dut, en 1254, rendre hommage à Guillaume de Cazouls. L'excommunication lancée contre lui fut alors levée (3).

(1) Plantavit, p. 180.
(2) *Hist. de Languedoc*, VI, 830.
(3) Plantavit, pp 183-184. — Suivant Plantavit, « Bérenger, seigneur de Clermont, par ordre de saint Louis, rendit en 1253 à Guillaume de Cazouls, le même hommage que son père lui avait rendu à Pontoise dix ans auparavant. » — La date de 1253 est erronée. — En indiquant l'hommage à cette date, Plantavit n'indique pas le mois dans lequel il fut rendu. Mais comme ce fait se trouve le dernier de ceux ayant trait à cette année, il faut entendre qu'il eut lieu vers la fin de l'année et au plus tard le 4 avril qui en étoit le dernier jour. Pâques étoit le 5 avril, soit le 1 jour de l'an 1254. Or, le pape Alexandre IV, élu le 7 décembre 1254 (Mas-Latrie, *Trésor d'Histoire et de Chronologie*) n'écrivit à l'arche-

Malgré l'hommage qu'il venait de rendre à l'évêque, Bérenger, dès l'année suivante (1255) voulut empiéter sur les droits
de son suzerain et établir un péage sur le chemin de Celles;
il s'adressa à l'autorité supérieure — le sénéchal de Carcassonne — pour y être autorisé. Guillaume de Silly, viguier de
Béziers et Guillaume de Cambis juge, se disposaient à venir à
Celles pour examiner l'affaire, quand l'évêque leur dépêcha
Hugues, official de Lodève, pour s'opposer à l'enquête, protes-
tant qu'à l'évêque seul, en vertu des droits réguliers dont il
jouissait, appartenait le droit de mettre des péages sur les
chemins du diocèse (1).

En 1261, Bérenger reçut en fief de Raymond Astolphe,
évêque de Lodève, toutes les terres que Raymond Bouniol de
Clermont tenait de l'évêque dans les paroisses de Saint-Satur-
nin de Ceyras et de Saint-Julien d'Avizas (2).

En 1262, Aymeri de Clermont, frère cadet de Bérenger,
s'éleva des prétentions sur la terre de Clermont. Louis IX, par
un accord scellé du sceau royal, s'engagea envers Aymeri à
saisir la terre de Bérenger jusqu'à ce qu'un jugement eût décidé
entre eux. Bérenger porta l'affaire devant la cour du roi, allégua qu'on ne devait pas saisir sa terre, parce que en sa qualité
d'aîné, il la tenait depuis plus de treize ans, sans qu'aucune
prétention eût jamais été élevée contre lui. La cour du roi
débouta Aymeri et renvoya les parties devant la cour du sénéchal de Carcassonne (3).

vêque de Narbonne que après cette date. Bérenger n'a donc pas rendu hommage
à la fin de 1253. Mais toute difficulté disparaît en reculant d'un an la date de
l'hommage. La lettre du pape parvient à l'archevêque dans les derniers mois
de 1254 (Janvier-Avril) et Bérenger se soumet avant la fin de cette même année.

(1) Plantavit, p. 187.

(2) *Ibid.* p. 199. — Saint-Julien-d'Avizas, église et tenement dans la commune de Saint-Félix-de-Lodez (Thomas, *Dictionnaire topographique de l'Hérault*).

(3) Beugnot : *Recueil des Olim*, t. 1, p. 542, § XVI. — Dans le texte publié par

En 1263, le 10 des calendes de février (23 janvier 1264 n. s.) Bérenger vendit à l'ordre de Saint-Jean de Jérusalem représenté par Jaucerand, maître de la maison de Nebian, la villa de Liausson pour le prix de 5000 sous melgoriens. Il se réservait l'ost et la chevauchée (1).

En 1269, Bérenger assista à l'assemblée des nobles, du clergé et des députés des villes de la sénéchaussée de Carcassonne convoqués par le sénéchal Guillaume de Cohardon pour délibérer sur l'interdiction d'exporter le blé de la sénéchaussée (2). En 1271, il se trouva à l'assemblée convoquée à Béziers pour délibérer sur la même défense (3); et il fut convoqué le 13 décembre 1274 (4) à celle qui devait se réunir à Carcassonne pour prendre une décision sur la même question.

En 1271, le sénéchal de Carcassonne décida que Bérenger de Guillem, seigneur de Clermont, étoit tenu de rendre à l'évêque de Lodève Clermont et ses dépendances, Ceyras excepté (5). La même année, le iii des calendes de février (30 janvier 1272, n. s.), Bérenger rendit hommage à Raymond d'Astolphe, évêque de Lodève. Il reconnut que l'évêque possédait les droits régaliens sur tout le diocèse, et que lui, Bérenger, tenait en fief de l'évêque Clermont, Mourèze, Liausson, Canet,

Beugnot, Bérenger dit qu'il tenoit la terre de Clermont « per viginti annos et amplius ». Nous avions cru à une erreur de transcription commise par Beugnot, mais l'original des Olim conservé aux Archives nationales porte bien « xxii duos annos et amplius ». Ce nombre « 22 et plus » ferait remonter le règne de Bérenger III à 1239, qui est la date de l'avénement de son père. Lors du Parlement de l'octave de la Toussaint 1262, où fut rendu le jugement contre Bérenger et Aymeri, il y avait treize ans que Bérenger était seigneur de Clermont. L'erreur que nous signalons a été commise par le scribe qui a recueilli les arrêts de la Cour du Roi.

(1) Voir Pièce n° v.
(2) *Hist. de Languedoc*, viii, Preuves, cc. 1665-1666.
(3) *Ibid., ibid.*, cc. 1740-1741.
(4) *Ibid.*, x, Preuves, c. 126.
(5) Plantavit, p. 211.

Nébian, Fouscaïs et Salase. L'évêque lui donna ensuite, du consentement de son chapitre, tous les alleux qu'il avait dans Clermont, pour que Bérenger les tint en fief de lui (1).

Le règne de Bérenger III fut tout entier rempli par ses différends avec ses vassaux qui voulaient recouvrer le consulat et les franchises qui leur avaient été enlevés. (2).

Les habitants de Clermont avaient déjà obtenu de nommer des syndics spéciaux pour gérer les affaires de la Communauté, mais les pouvoirs de ces syndics prenaient fin dès que l'affaire pour laquelle ils avaient été élus était terminée. En 1250, ils demandèrent à nommer des syndics généraux ayant pouvoir d'administrer pendant la durée d'une année; c'était revenir au consulat, aussi le seigneur refusa-t-il. En 1251, nouvelle demande des habitants, nouveau refus du seigneur (3).

Mais en 1253 (4), les habitants passent outre et nomment quatre syndics généraux, Louis IX était en Palestine, le pouvoir central affaibli dans la province, le seigneur dut céder (5). La nomination des syndics généraux continue jusqu'en 1268. Bérenger se plaint alors au roi qui renvoie l'affaire devant le sénéchal de Carcassonne, Guillaume de Cohardon. Le sénéchal prive les habitants du droit de communauté et de celui de nommer des syndics généraux. Le roi en son conseil confirme cette sentence (6).

(1) Plantavit, p. 208. — D'après lui, l'hommage du seigneur de Clermont aurait été rendu le iii des Calendes de février 1270, antérieurement au jugement du Sénéchal de Carcassonne. Nous ne le pensons pas, car ce n'est que contraint et forcé que le seigneur de Clermont s'avoua le vassal de l'évêque; le jugement du Sénéchal n'aurait plus eu de raison d'être si Bérenger avait déjà reconnu l'évêque pour suzerain.

(2) Nous avons reporté à la fin du règne de Bérenger ce qui concerne ses luttes avec ses vassaux, afin de ne pas interrompre le récit.

(3) Julien, pp. 243.

(4) *Ibid.*, p. 244.

(5) *Ibid.*, p. 250.

(6) *Ibid.*, pp. 250-251.

Les habitants ne se rebutent pas. Ils introduisent une instance devant le viguier de Béziers pour faire rétracter la sentence rendue contre eux. Le seigneur, de son côté, offre de laisser nommer des syndics spéciaux pour chaque affaire ; il comparait avec quatre syndics nommés par la communauté devant la Cour du sénéchal séant à Béziers. Guillaume de Cohardon assisté de plusieurs évêques et abbés de la Province prononça que lorsqu'il surviendrait une affaire intéressant la la Communauté, sur la demande de dix personnes au plus, le seigneur devrait autoriser la réunion des habitants pour nommer des syndics spéciaux dont les pouvoirs prendraient fin avec la solution de l'affaire. Le seigneur ne pourrait refuser la réunion de l'assemblée ni la nomination des syndics. Le jugement fut rendu le jour des ides de février 1270 (1) (13 février 1271 n. s.).

Le baron se refusa à l'exécution de l'arrêt ; les habitants eurent de nouveau recours au sénéchal ; mais le roi Jacques d'Aragon (2) étant venu à Clermont, décida Bérenger à laisser nommer quatre syndics spéciaux (1271) (3). Le succès encouragea les habitants dans leurs revendications ; peu après, ils demandèrent au seigneur la réintégration complète du consulat avec toutes ses prérogatives. En 1274, Bérenger, avec le con-

(1) Transaction, pp. 86 à 90.
(2) Jacques et Bérenger étaient cousins issus de germains :

GUILLAUME VII
Seigneur de Montpellier

GUILLAUME VIII Seigneur de Montpellier	MARIE Femme de Aymeri de Clermont
MARIE Femme de Pierre, roi d'Aragon	BÉRENGER II Seigneur de Clermont
JACQUES Roi d'Aragon	BÉRENGER III Seigneur de Clermont

(3) Julien, p. 255.

sentement de son fils, la leur accorda, mais les habitants durent lui payer 13.000 sous (1). Ce fut le dernier acte de Bérenger III, il mourut peu après (2), laissant deux fils :

1. BÉRENGER qui lui succéda,
2. Pierre de Clermont, chevalier, l'un des arbitres de la transaction de 1275 entre son frère et les habitants de Clermont.

BÉRENGER IV (3).

Bérenger IV succède à son père en 1275. Dès son avènement, il viole l'accord que son père et lui avoient fait avec leur vasseaux l'année précédente. Ceux-ci réclament le remboursement des 13.000 sous payés à Bérenger III.

Une nouvelle transaction a lieu ; les articles en sont fixés par trois arbitres : Pierre de Clermont, chevalier, frère de Bérenger, Pierre Bounyol, camérier du monastère d'Aignan, (Saint-Chinian) et Pons Audigan, docteur ès-lois. Cette transaction en date du 31 octobre 1275 renferme un grand nombre d'articles relatifs aux franchises, à la justice, aux droits de chasse et de pêche, de fouage, de fours, de moulins, etc. Sur

(1) Archives de Clermont-l'Hérault : *Instrument des coutumes et libertés faites et accordées entre le seigneur de Clermont, diocèse de Lodève, et les habitants dudit lieu.* — Traduction faite en 1599 de l'acte original qui n'existe plus.

(2) Julien prolonge le règne de Bérenger jusques vers 1280, mais il place sous son règne la mission des enquêteurs royaux Nicolas de Luzarches et Jean de Auxis (pp. 260-261) et la privation du Consulat qui en fut la conséquence. Durand (p. 117) fait vivre Bérenger jusqu'en 1285, mais il adopte la version de Julien en ce qui touche la mission des enquêteurs, et ses suites. — Les enquêteurs ne vinrent en Languedoc que vers 1305.

(3) Béranger V, de Julien. — Partie de Béranger V, et Bérenger VI, de Durand.

l'article des franchises, les arbitres reconnaissent aux habitants
le droit d'avoir trois consuls qui seront élus le lendemain de
la fête de la Circoncision et dix conseillers qui formeront le
conseil de la commune. Chaque seigneur à son avènement
jurera le maintien des franchises. Les habitants devront payer
vingt mille sols cette nouvelle transaction (1).

En 1280, Bérenger rend hommage à Bérenger de Boussagues, évêque de Lodève, ainsi que son père l'avait rendu neuf
ans auparavant (1271) à l'évêque Raymond d'Astolphe. Et il
est décidé qu'en ce qui concerne le château de Mourèze dont
le seigneur de Clermont est l'un des co-seigneurs, il se fera
rendre hommage par ceux-ci et le rendra ensuite à l'évêque
quand il en sera requis (2).

En 1282, Bérenger représenta au Parlement de Paris tenu à
la Toussaint, que l'évêque de Lodève dont il était le vassal
l'avait cité à sa cour et lui avait ordonné de le suivre dans ses
chevauchées, tandis que le sénéchal de Carcassonne le soumet-
tait aux chevauchées de la sénéchaussée. Il suppliait le roi de
déclarer devant laquelle de ces juridictions il devait répondre.
Le Parlement ordonna que le sénéchal déciderait la question
en présence de l'évêque et du procureur du roi (3).

En 1285, Bérenger reçut de Bérenger du Puy et d'Auger de
Mourèze, co-seigneurs avec lui du château de Mourèze, l'hommage pour la partie leur appartenant et le rendit lui-même à
l'évêque Bérenger de Boussagues. Peu de jours après, il lui
rendit le même hommage pour Clermont, Brignac, Canet et
tout ce qu'il possédait dans le diocèse de Lodève (4).

(1) Archives de Clermont. — *Instrument des coutumes et libertés*, etc.
(2) Plantavit, p. 218. — Le texte de Plantavit porte : « ... ainsi que son père
l'avait rendu dix ans auparavant ». — Voir la note de la page 18.
(3) Du Mège : *Histoire de Languedoc*, liv. 27, p. 206.
(4) Plantavit, p. 236.

En 1292, Gaucelin de la Garde ayant succédé à Bérenger de Boussagues dans l'évêché de Lodève, Bérenger lui rendit hommage pour Clermont, sa baronie et tout ce qu'il avait dans le Lodevois, sauf ce qu'il tenait dans Maduron de l'Infirmier du monastère de Saint-Chinian (1); et en 1296, il fit rendre hommage par son fils Bérenger à Ythier, évêque de Lodève, successeur de Gaucelin de la Garde (2).

Au commencement du xiv° siècle, des troubles suscités par les brigues de ceux qui voulaient être investis du consulat, éclatèrent à Clermont. Le roi Philippe le Bel avait à cette époque — vers 1305 — envoyé dans le Languedoc deux enquêteurs, Nicolas de Luzerche prévôt de l'église de Chartres et Jean de Auxys, chantre de l'église d'Orléans. Ils évoquèrent l'affaire devant eux, et reconnaissant que tant le seigneur que ses vasseaux avaient contrevenu aux arrêts rendus précédemment par les juges royaux, ils annulèrent la concession du Rectorat, condamnèrent le seigneur à 400 livres d'amende et la Communauté à 3.000 livres. Bérenger accepta la sentence, mais les habitants en appelèrent au roi. Philippe IV repoussa l'appel et confirma à tout jamais la privation du consulat. — juillet 1306 — (3).

Cette même année (1306) Bérenger de Guillem, fils de Bérenger IV, épousa Guillemette fille du chancelier Guillaume de Nogaret, qui la dota de 3,000 livres (4).

(1) Plantavit, p. 247.
(2) Ibid., p. 250.
(3) Transaction : pp. 73 à 75 : Arrêt de la Cour de Philippe IV.
(4) P. Anselme : *Histoire des Grands Officiers*, vi, 300. — L'*Histoire de Languedoc*, t. ix, p. 252, dit à tort que *le seigneur* de Clermont épousa en 1306 la fille de Guillaume de Nogaret. La lettre de Philippe IV, du mois de Juillet 1308 (Transaction, p. 82), ne peut laisser aucun doute sur le mari de la fille de Nogaret : « Cum insuper dilectus et fidelis Guillelmus de Nogareto miles noster « ex causa filiæ suæ conjugis Berengarii Guillermi *filii* dicti domini Clari- « a montis, etc. »

Peu après, les habitants de Clermont ayant fait de nouvelles tentatives pour obtenir le rétablissement du Consulat,
Bérenger s'adressa au roi pour faire rejeter leur demande ;
et pour appuyer sa requête, il s'engagea à payer au roi 3,000
livres s'il voulait ne jamais concéder le Consulat. Philippe le
Bel acquiesça ; il donna le 1er juillet 1308, des lettres confir-
matives de celles de 1306; et pour le paiement des 3,000 livres
offertes par Bérenger, il accepta un transfert sur la dot de Guillemette de Nogaret que son père lui devait encore. De cette
somme le chancelier paya 1,000 livres au roi, et Philippe lui
fit remise du restant en récompense de ses bons services (1).

En 1309, Philippe le Bel en considération de Bérenger
Guillem, seigneur de Clermont, chevalier et de son fils
Bérenger Guillem, damoiseau, son écuyer (valletus noster)
annoblit maître Raymond Barthélemy et Bertrand Barrian,
son frère, fils de feu maître Barthélemy Barrian, de Clermont,
et autorisa le seigneur et son fils à les armer chevaliers (2).

Dès la mort de Philippe le Bel, la communauté de Clermont demanda à son successeur Louis X à être autorisée à
plaider pour faire réviser l'arrêt de cassation du consulat,
offrant de compter au roi 2,000 livres pour obtenir l'autorisation. Louis X par ses lettres du 9 septembre 1315 accepta
l'offre promettant de restituer la somme, si la communauté
n'obtenait pas la faculté d'agir (3). La cour du roi cassa l'arrêt
de 1306, mais Bérenger ayant fait appel, parce que l'affaire
avait été ugée à son insçu, le nouvel arrêt fut cassé à son tour
et la communauté resta privée de consulat (4).

(1) Transaction, pp. 81-82.
(2) *Histoire de Languedoc,* t. x. Preuves, c. 453. — Un quartier de Clermont,
l'en Bourlane, a conservé leur nom.
(3) Transaction, p. 39.
(4) *Ibid.,* p. 5.

Le 5 avril 1316, le roi Philippe V confirma l'arrêt de cassation du consulat de 1306 ; le 5 avril 1317, il le confirma de nouveau et le même jour, il confirma l'arrêt de 1308 (1).

En 1316, Bérenger rendit hommage à Guillaume de Mandagot évêque de Lodève (2). La même année, il rendit hommage au commissaire du roi Philippe V pour les châteaux de Brusque et de Murasson en Rouergue (3). Sous son règne et un peu avant 1320 (4), les religieux de l'ordre de Saint Dominique vinrent s'établir à Clermont. Bérenger facilita leur établissement par des concessions de terres.

Bérenger étoit mort en 1322.

Il avait épousé Helipse ou Alix de Boussagues, dame de Saint-Gervais, vicomtesse de Nebozon, fille de Déodat, seigneur de Boussagues (5). De ce mariage :

1 BÉRENGER qui lui succéda ;

2 Dardé ou Déodat, seigneur de Brusque, qui, en 1327, transigea relativement à des redevances féodales avec les habitants de Brusque représentés par nobles hommes Brenguier de Prouilhan et Raimond Gralhe, damoi-

(1) Transaction, pp. 79 à 83.

(2) Plantavit, pp. 272 et suiv. — La formule de cet hommage est rapportée tout au long dans Plantavit.

(3) *Hist. de Languedoc*, IX, 362.

(4) Plantavit, dans sa *Chronologie des Evêques de Lodève*, p. 280, dit que « en 1321, le 15 des Calendes de mai (17 avril), Bérenger de Guillem donna le sol sur lequel est construit le couvent des Dominicains ». — Mais ceux-ci étaient déjà installés à Clermont. Lors de la visite pastorale que Plantavit fit en 1621 dans toutes les paroisses de son diocèse, il rapporte que le prieur des Dominicains de Clermont lui communiqua un titre de 1320 par lequel Bérenger de Guillem, seigneur de Clermont, leur donna quantité de terres et droits « supposant ledit acte leur établissement avoir été fait, mais peu de temps auparavant ».

(5) P. Anselme : *Histoire des Grands Officiers de la Couronne*, t. VI, p. 300. — Ce mariage est prouvé par une transaction de 1327 existant aux archives du château de Brusque en Rouergue, passée entre Dardé (Déodat) de Clermont, seigneur de Brusque, fils de feu Bérenger Guillem, chevalier, seigneur de Clermont, et de dame Helipse de Boussagues et les habitants de Brusque (de Barrau, I, 413).

seaux (1). Le 19 octobre 1346, conjointement, avec Bérenger son fils émancipé, il certifia l'accord passé entre son frère Bérenger V seigneur de Clermont et les syndics des habitants dudit lieu et lui donna tout pouvoir de transiger (2) ;

3 Raymond. En 1346, il certifia également l'accord entre Bérenger et ses vassaux (3). Il est la tige des Guillem du Comtat (4) ;

4 Naude ou Aude, mariée à Amalric II de Narbonne, seigneur de Talairan (5). Son père, par son testament, (6), lui légua 25 livres. Amalric mourut en 1336 ;

5 Isabeau, mariée à Aymeri de Narbonne, frère cadet du précédent (7).

(1) De Barrau, ut suprà.

(2) Transaction, p. 127.

(3) *Ibid.*, p. 127,

(4) Voir ci-après la notice sur les Guillem du Comtat.

(5) P. Anselme. *Histoire des Grands Officiers*, VII, 767. — Mahul, II, 638. — Baluze : *Histoire de la Maison d'Auvergne*, t. I p. 377, dit que Aude de Clermont, femme de Amauri *(sic)* de Narbonne, premier baron de Talciran, n'était pas de la maison de Clermont-Lodève, ainsi que le disent les frères de Sainte-Marthe, mais bien de la maison royale de Clermont en Beauvoisis, qui prit depuis le nom de Bourbon. Les motifs mis en avant par Baluze ne nous ont pas paru convaincants. Le contrat de mariage de Catherine de Narbonne, fille de feu Amaury de Narbonne et de Aude de Clermont, avec Agne de la Tour, sieur d'Oliergues, passé en 1341, est rapporté in-extenso dans les Preuves de l'*Histoire de la Maison d'Auvergne* (t. II, p. 711); il ne s'y trouve aucun détail permettant de décider à laquelle des deux maisons de Clermont appartenait Aude. Mais le mariage d'Isabelle de Clermont-Lodève avec Aymeri de Narbonne, frère d'Amalric, nous porterait à croire que Aude était de la maison de Clermont-Lodève; les deux frères auraient épousé les deux sœurs.

(6) D'après l'*Histoire des Grands Officiers de la Couronne*, t. VII, p. 767, Bérenger testa le 25 août 1325. Nous croyons néanmoins qu'il mourut avant 1322, date à laquelle son fils Bérenger fit avec son beau-père Nogaret un accord au sujet de la dot de sa femme.

(7) *Grands Officiers* et de Barrau, *ut suprà*. — Pithon-Curt, t. II, pp. 80 et suiv., dit que Naude et Isabeau sont les filles de Bérenger (V), fils aîné de Bérenger (IV) et non ses sœurs. Bérenger V n'eut pas d'enfants. Voir la note VIII.

BÉRANGER V. (1)

Béranger était déjà émancipé en 1296 (2). Il conclut un accord avec son beau-frère Raymond de Nogaret, seigneur de Calvisson, au sujet de la dot de sa femme Guillamette sur laquelle il réclamait 2,000 livres, et 1,500 livres, en outre, pour le retard apporté au paiement. Des amis communs s'entremirent et décidèrent le seigneur de Clermont à s'en tenir aux arrangements conclus entre son père et Guillaume de Nogaret, père de sa femme. Les dommages-intérêts furent fixés à 600 livres. Cet arrangement fut confirmé par le roi Charles IV le 21 octobre 1322 (3).

Charles IV confirma, en outre, le 22 octobre 1322, l'arrêt de privation du Consulat de 1306, et au mois de mars 1324, les lettres de Philippe IV du 1er juillet 1308 (4).

En 1325, Béranger rendit hommage à Bernard Guidonis, évêque de Lodève. Les deux parties convinrent que, pour les acquisitions que ferait Béranger, relevant de la mouvance de l'évêque dans la terre de Clermont, les lods ne seraient payés qu'au douzième de la valeur de l'achat (5).

(1) Bérenger VI, de Julien ; Bérenger VII, de Durand.

(2) Archives des Bouches-du-Rhône : Fonds de Malte. — (Puech Auger), liasse 357.

(3) *Histoire de Languedoc*, t. x, Preuves, c. 451.

(4) Transaction, pp. 83 à 86.

(5) Mémoire présenté en 1679 au Parlement de Grenoble par les habitants de Clermont. — Dans cette pièce, la terre de Clermont est dénommée Comté, expression exacte en 1679, mais impropre en 1325. C'est sans doute à ce mémoire que fait allusion Durand (p. 205) lorsqu'il dit qu'une pièce qu'il a sous les yeux fait remonter ce titre au commencement du xive siècle.

En 1339, les habitants de Clermont, avec le consentement du seigneur, offrirent au roi Philippe VI 4,000 livres (dont à déduire les 2,000 livres déjà payées en 1315 au roi Louis X) et au seigneur 4,000 livres, pour être autorisés à nommer des syndics qui poursuivraient la demande de réintégration du Consulat. Par ses lettres en date du 11 mars 1339 (1340 n. s.), Aymar Baille, lieutenant du sénéchal de Carcassonne, donna l'autorisation (1).

Les syndics nommés, l'accord fut fait avec le Seigneur et approuvé par les habitants (2); le roi le confirma par ses lettres du 18 décembre 1340 (3).

Mais alors Béranger retarda l'exécution de la transaction, parce que les lettres du roi ne faisaient pas mention que les habitants avaient été privés du Consulat pour avoir été rebelles au roi. Malgré cette opposition, le lieutenant général du roi en Languedoc, Louis de Valentinois, comte de Poitiers, enjoignit au juge-mage de Carcassonne d'envoyer le traité à la Chambre des Comptes de Paris, pour y être examiné. *Lettres du 6 mars 1341* (4).

Béranger céda, et la transaction fut définitivement arrêtée entre lui et les syndics des habitants de Clermont. Elle fut approuvée par une assemblée générale des chefs de famille, tenue dans l'église Saint-Paul le 14 avril 1341 (5).

En possession du consulat et des franchises, les habitants reculaient le paiement des sommes promises au roi et au seigneur. Le 3 octobre 1346, Philippe VI écrivit à Raymond Savi sergent royal et au sénéchal de Carcassonne, de forcer

(1) Transaction, pp. 93-94.
(2) *Ibid.* p. 95.
(3) *Ibid.* pp. 5 et 6.
(4) *Ibid.* pp. 6 et 7.
(5) *Ibid.* pp. 44 et suiv

les habitants à payer les sommes dues par eux (1). Ceux-ci durent s'exécuter et le jour des nones de mai (7 mai) 1347, l'arrêt de réintégration au consulat fut rendu (2).

En 1350, Béranger fut au nombre des seigneurs de la sénéchaussée de Carcassonne auxquels le roi écrivit pour « *venir à son mandement quand mestier serait* » par des lettres closes le 23 aout 1350, date de l'avènement du roi Jean II. Il y avait, en ce moment, trève en Guyenne avec les Anglais. Béranger est dénommé dans cette lettre : « *Le sire de Clermont en Lodouois* (3). »

La même année (1350), Englesian de Loziéres fonda le couvent des Bénédictines de Gorjan, près Clermont (4).

Béranger testa le 1er décembre 1351 et mourut sans enfant de son mariage avec Guillemette de Nogaret (5). La date de sa mort est inconnue; elle est antérieure à 1357.

BERANGER VI (6).

Béranger VI succéda à son oncle Béranger V. Il était fils de Deodat de Guillem, seigneur de Brusques, frère de Bérenger V (7). Etant émancipé, il avait confirmé avec son père,

(1) Transaction pp. 109 à 111.
(2) *Ibid.* p. 122.
(3) La Roque : *Traité de la Noblesse*, p. 111.
(4) *Gallia Christiana*, t. VI. Preuves c. 288.
(5) P. Anselme : *Histoire des Grands Officiers*, VI, 300.
(6) Julien et Durand n'ont pas distingué ce seigneur du précédent, que Julien fait régner sous le nom de Béranger VI de 1323 à 1360 et Durand sous le nom de Béranger VII de 1324 à 1365.
(7) Voir la note VIII.

le 19 octobre 1346, la transaction passée entre son oncle Béranger V seigneur de Clermont et ses vassaux (1).

Le 18 novembre 1353, il donna aux consuls de Clermont quittance générale des quatre mille livres accordées par la communauté pour l'octroi du consulat (2) fait par son prédécesseur.

Le 14 juin 1357, il fit don à la ville de Clermont de la fontaine du Sarac; il était à cette époque majeur de 25 ans. Il fit ce don par exprès, consentement de Pierre de l'Isle, chevalier, seigneur d'Avène et de son frère — à lui Béranger — Louis ? (3)

Béranger mourut en 1360 (4). On ne connait pas le nom de sa femme. Il eut pour enfants :

1 DÉODAT, qui lui succéda ;

2 Louis, fait prisonnier à Azincourt en 1415 (5);

3 Agnès, mariée à Rostaing de Lauzières (6).

(1) Transaction p. 127.

(2) Julien p. 322. — Ceci ne doit concerner Bérenger VI qu'en admettant que Bérenger V soit mort après avoir testé en 1351. Dans le cas contraire, c'est Bérenger V qui aurait donné la quittance. Les textes manquent pour élucider ce point.

(3) Voir la pièce n° VI. — Il existait sans doute une parenté entre la famille de Clermont et celle des seigneurs d'Avène, car, en 1312 (Histoire de Languedoc t. x Preuves c. 530) la vente de la seigneurie d'Abeillan faite au roi par Perrin de l'Isle doit être approuvée par Bérenger Guillem (celui qui fut Béranger V) fils du seigneur de Clermont. Pierre de l'Isle qui consent à la donation de la fontaine du Sarac avait peut-être été le curateur de Bérenger VI. A cette époque la tutelle cessait à 14 ans pour les garçons, mais on leur donnait des curateurs jusqu'à 25 ans. (Jean Gillet : Nouveau Traité des Tutelles et Curatelles, p. 12).

(4) Julien p. 319.

(5) Ibid. p. 336.

(6) Ibid. p. 338.

DÉODAT.

Déodat, fils de Bérenger VI, étoit mineur lorsqu'il succéda à son père en 1360, à l'époque où le roi Jean revint d'Angleterre (1) après avoir signé le traité de Brétigny.

Les Anglais ayant occupé Carlat qui leur avoit été cédé par ce traité, divers habitants de Clermont se mirent en relation avec eux. Déodat, ou plutôt son tuteur, eut recours au représentant royal pour arrêter toute tentative de rébellion. Le sénéchal de Carcassonne, Le Bègue de Villaines, se présenta devant Clermont avec un corps de troupes, mais les portes lui furent fermées par ordre des consuls; il fallut, pour les faire céder, l'intervention du maréchal Arnoul d'Andreham, capitaine général de la Province, qui se trouvait alors à Pezenas. La ville, pour son refus d'obéissance, fut condamnée à payer 1300 florins d'or; cette amende, sur l'intercession du Seigneur, fut réduite à 800 florins, 1362 (2).

(1) Julien p. 319. — Durand (p. 157) indique 1365 comme la date de l'avénement de Déodat. Mais plus loin, il dit que la tentative de rébellion qui nécessita l'intervention du sénéchal d'Andreham et qu'il place sous le règne de Déodat, eut lieu en 1363.

(2) Julien place en 1360 la tentative de rébellion de Clermont et il ajoute que le sénéchal de Carcassonne était Thibaut de Barbazan. Nous croyons que la date de cette affaire doit être reportée au commencement de 1362, car c'est seulement au mois de septembre 1361 que Arnoul d'Andreham fut nommé capitaine général de Languedoc (*Hist. de Languedoc*, IX, p. 731). Il était à Pézenas le 3 mai 1362 (*Ibid.* p. 736, note). A cette même époque le sénéchal de Carcassonne n'était plus Thibaut de Barbazan, mais bien le Bègue de Villaines qui lui succéda et qui remplit cette charge de 1361 à 1363. (*Ibid.* p. 728 et Mahul VI 1re partie p. 279 : *Liste des Sénéchaux de Carcassonne*). — Durand (p. 160) fixe cette affaire en 1363.

En 1366 Clermont, pour protester de sa fidélité, se mit sous la sauvegarde du roi et obtint du duc d'Anjou, lieutenant du roi en Languedoc, de nommer trois personnes chargées de veiller à la défense de la ville et à la sécurité des remparts. Déodat donna son acquiescement à cette concession; puis, sur la demande de la Communauté, il homologua la quittance de 4000 livres donnée en 1353 par son prédécesseur pour l'octroi du consulat et confirma la transaction de 1341 et sa mise en vigueur en 1347.

Le soulèvement de Montpellier contre le duc d'Anjou et le massacre de ses principaux officiers le 25 octobre 1379, eut son contre-coup à Clermont quelques jours après. Les habitants étaient divisés en deux partis qui se disputaient le consulat. A l'approche des élections, l'un des partis qui avait à sa tête Jean Colet, consul, et Pierre Rouyre, consul de l'année précédente, prétextant une entente entre leurs adversaires et les Anglais de Carlat, dont les bandes de routiers venaient d'envahir la viguerie de Béziers, font sonner le tocsin le dimanche 30 octobre 1379 et assassinent l'un des chefs du parti opposé, Jean de Clonchis. Le lendemain, après avoir mis à mort Bérenger Valette, ils se portent au château pour demander qu'on leur livre ceux qui s'y sont réfugiés. Le baille du Seigneur les leur remet à condition qu'ils auront la vie sauve; malgré leur promesse, ils mettent à mort Bertrand de Ansac; puis ils ferment les portes de la ville et s'y maintiennent pendant douze jours. Mais alors, Déodat, avec des renforts venus des environs, réprime la sédition, s'empare des coupables et les fait juger. Onze d'entre eux, dont les deux consuls, sont condamnés à mort et exécutés, malgré l'intervention du viguier royal de Gignac qui demandait la remise des coupables, parce qu'il se trouvait parmi eux des consuls, des sergents royaux et un bourgeois du roi de la ville d'Aigues-Mortes. Après l'exécution, le viguier déclara que Déodat, pour avoir outrepassé ses droits de seigneur justicier, étoit déchu de sa terre qu'il confisqua au profit du roi. Sur l'appel du seigneur, le duc d'Anjou cassa la sentence du viguier de Gignac le 1ᵉʳ février 1379, (1380 n. s.). et deux mois après, en avril 1380, (après Pâques), le roi Charles V confirma la décision de son frère (1).

En 1401, Aymeri de Boussagues, cousin de Déodat, se trouvant sans enfants, l'institua héritier de sa seigneurie (2).

En 1404, le 11 avril, Déodat confirma l'immunité de tout impôt déjà accordée par ses prédécesseurs à l'abbaye de Nonenques; et ce, en considération de sa parente Hélène, abbesse, et de ses filles Isabelle et Helipide, religieuses de ce monastère (3). Il testa le 18 juillet de la même année (4).

Déodat mourut en 1418 (5). Il avait été marié deux fois. Le nom de sa première femme est inconnu; on sait seulement que le vicomte de Narbonne était son oncle maternel. La seconde femme fut Isabeau de Roquefeuil, fille d'Arnaud III de Roquefeuil et de Hélène de Gourdon. Ce second mariage avait déjà été conclu en 1379 (6).

(1) L'émeute de Clermont est rapportée avec force détails dans les lettres de rémission du duc d'Anjou du 1ᵉʳ février 1379. *(Hist. de Languedoc*, x Preuves cc. 1632 à 1639). — Julien (p. 330) suivi par Durand (p. 166) porte à dix-huit le nombre des habitants de Clermont condamnés à mort. D'après les lettres du duc d'Anjou, ce nombre doit être réduit à onze dont voici les noms : Pierre del Royre, consul de l'année précédente et bourgeois royal d'Aigues-Mortes; Jean Colet, consul; Paul Cayrel ; Pierre Dumas; Bernard Boyer; Jean Dupuy, sergent royal de l'inquisition ; Bérenger Savorie ; Bernard Beligier ; Guiraud Terren; Raymond Gallan, sergent royal, et Guillaume Imiquete. — La date de l'émeute est inexactement rapportée par Julien et par Durand : le premier (p. 327) la place en 1378, le second (p. 162) en 1380.

(2) Julien p. 335.

(3) *Gallia Christiana*, 1, 294.

(4) Affre : *Lettres sur l'Histoire de l'arrondissement d'Espalion*, t. 1 p. 392.

(5) Julien p. 342.

(6) *Ibid.* p. 329. Du Mège, liv. 35, p. 127.

Déodat eut pour enfants :

1. ARNAUD, seigneur de Clermont, qui suit ;
2. TRISTAN, seigneur de Clermont après Arnaud.
3. Antoine, abbé commendataire de Villemagne et de Saint-Thibery (1); son père, dans son testament, lui avait enjoint d'entrer en religion (2).
4. Delphine.
5. Bourguine, mariée à Pons de Caylus (3), seigneur de Castelnau et de Calmont d'Olt (4).
6. 7. Isabeau, Helipide, religieuses à Nonenques.

ARNAUD.

Arnaud succéda à son père Déodat vers la fin de l'année 1418 (5). Il fit réparer les murailles de Clermont et construire une porte à l'entrée de chacun des quatre faubourgs de la ville (6).

Il fut marié avec sa cousine Marie d'Apchier, fille de Raymond d'Apchier et de Bourguine de Narbonne ; celle-ci fille de Amalric de Narbonne, seigneur de Perignan, et

(1) Testament de Tristan II, son petit-neveu. Pièce n° VII.
(2) Affre : *Lettres sur l'Histoire de l'arrondissement d'Espalion*, t. 1 p. 392.
(3) Affre : *Simples récits historiques sur Espalion*, p. 166.
(4) *Gallia Christiana*, t. 1 p. 294.
(5) Julien p. 342 dit que Arnaud venait de succéder à son père lorsqu'on apprit la descente des Anglais en Normandie et la prise de Rouen le 28 janvier 1418. Ce dernier événement eut lieu le 19 janvier 1419 (n. s.). *(Chronique de Monstrelet)*.
(6) *Ibid.* p. 343.

d'Isabelle de Clermont. Marie d'Apchier mourut avant
1410 (1).

Arnaud était mort en 1423.

TRISTAN I.

Tristan, frère d'Arnaud, lui succéda. En 1414, pendant
que son père Déodat était seigneur de Clermont, il suivit en
Italie Jacques de Bourbon, comte de la Marche, mari de
Jeanne, reine de Naples (2). Il se maria dans ce pays avec
Catherine des Ursins, comtesse de Cupertino (3), fille de
Raymond ou Raymondel des Ursins, prince de Tarente et de
Marie d'Enghien. Tristan parvint à ce mariage en récompense
de la liberté qu'il procura à Marie d'Enghien que le roi de
Naples, Ladislas, après la mort de Raymondel, en 1405, avait
dépouillée de la principauté de Tarente et tenue comme
captive avec ses enfants.

Tristan était seigneur de Clermont en 1423 (4). Le 6 juillet
de cette année, il donna pouvoir à Déodat Bruguière de faire
paître son bétail dans le terroir de Clermont, sous la rente de

(1) P. Anselme : *Histoire des Grands Officiers*, III, 832, dit que le contrat de
mariage de Arnaud de Clermont et de Marie d'Apchier fut passé le 7 avril 1391.
Pour que cette date soit exacte, il faut que Bérenger VI, né vers 1431 et son fils
Déodat se soient mariés à l'âge de vingt ans, et qu'ils aient eu un fils après un an
de mariage. Dans ce cas, Arnaud aurait eu 18 ans à l'époque de son mariage.

(2) Plthon-Curt IV, 291.

(3) Barthelemy : *Inventaire chronologique et analytique des Chartes de la maison
des Baux :* 4e tableau généalogique.

(4) Julien ne donne pas la date de l'avènement de Tristan, mais il paraît la
placer en 1425 (p. 347).

deux setiers d'avoine (1). Tristan, seigneur de Clermont et de Saint-Gervais, assista au château de Roquecourbe, en juillet 1424, au mariage de Bernard d'Armagnac, comte de Pardiac, avec Eléonore fille unique de Jacques de Bourbon, roi de Hongrie, de Jérusalem et de Sicile, comte de la Marche et de Castres (2).

Le 23 juillet 1431, il fut l'un des témoins de l'hommage rendu par Odon de la Rivière au comte de Foix (3).

Tristan, veuf de Catherine des Ursins, fut accordé, le 26 février 1431 (n. s.), avec Louise de la Tour, fille de Bertrand de la Tour et de Marie de Boulogne, comtesse d'Auvergne et de Boulogne (4), mais le mariage n'eut pas lieu. Tristan vivoit encore au mois de novembre 1433 ; il mourut peu après (5).

De son mariage avec Catherine des Ursins des Baux, il eut :

1. Raymond qui lui succéda (6).
2. Isabelle, mariée en 1434, à Ferdinand Ier, roi de Naples, laquelle ayant hérité de son oncle Jean-Antoine Orsini (des Ursins) la principauté de Tarente, la réunit à la couronne de Naples (7).

---

(1) Arrêt du Parlement de Grenoble de 1681, dans le procès de Louis II comte de Clermont avec ses vassaux.

(2) *Hist. de Languedoc* t. IX p. 1134. — La même Histoire t. IX p. 1055, dit aussi que Tristan de Clermont, seigneur de Puicheric, fut convoqué à la réunion des Trois États de la Province le 15 février 1420 par le comte de Foix, gouverneur de Languedoc. — Mais jamais Puicheric, seigneurie située dans le diocèse de Carcassonne, n'a été dans la maison de Clermont. Elle appartint de 1210 jusques vers 1550 à la famille de Thury. (Mahul, IV, 290). En août 1422, on trouve Jean de Turelo, seigneur de Puicheric (Doat, 159, f° 104, *Ordonnances et hommages de Languedoc*).

(3) *Ibid.* IX, 1110.

(4) Baluze : *Histoire de la maison d'Auvergne*, t. II, Preuves, pp. 629 et suiv.

(5) Voir la note IX.

(6) *Hist. de Languedoc*, XI, 15.

(7) Mas-Latrie, p. 1723. — Grichenon : *Hist. de la maison de Savoie*, t. I, p. 559.

3. Sancie, mariée à François des Baux, duc d'Andrie (1).
4. Antoinette, mariée à son cousin germain Pons de
   Caylus, troisième fils de Pons de Caylus, seigneur de
   Castelnau et de Bourguine de Clermont (2).

RAYMOND.

Raymond, fils de Tristan, lui succéda vers 1434 ; son règne
fut de très courte durée ; il mourut peu après (3) sans enfant,
laissant pour héritière sa sœur Antoinette, à condition qu'elle
épouserait son cousin germain Pons de Caylus et que celui-ci
prendrait le nom et les armes de Guillem (4).

Avec Raymond finit la branche de la famille des Guillem,
seigneurs de Clermont.

(1) Pithon-Ourt, IV, 279.

(2) *Hist. de Languedoc*, XI, 15. — P. Anselme, t. VII p. 224, dit que la femme de Pons de Caylus s'appelait Catherine.

(3) Durand p. 78 dit que Raymond mourut la même année que son père Tristan en 1432.

(4) *Histoire de Languedoc*, t. XI p. 15. — Suivant Du Mège, le mariage de Pons de Caylus avec Antoinette de Clermont aurait eu lieu en 1444 ; mais Antoinette n'existait plus à cette date ; d'après de Barrau, elle mourut après avoir testé le 12 septembre 1441. Le mariage eut lieu dès la mort de Raymond. Pons figure en qualité de seigneur de Clermont au mois de novembre 1436.

LES CAYLUS-CASTELNAU

Les Guillem, seigneurs de Clermont, toujours en lutte avec les évêques de Lodève ou avec leurs vassaux, n'avaient joué qu'un rôle effacé dans les affaires de Languedoc. Celui de leurs successeurs, les Caylus, fut tout autre. Les charges et les fonctions politiques dont ils furent revêtus, les dignités ecclésiastiques conférées à divers membres de leur famille, les grandes alliances qu'ils contractèrent et les domaines importants qui leur échurent par l'extinction de leurs aînés, les Caylus–Castelnau, placèrent la famille de Clermont au premier rang de celles de la Province. Mais les derniers représentants ne surent pas conserver le haut renom de leurs devanciers, et quand les Guillem-Caylus-Castelnau s'éteignirent en 1715 en la personne d'un enfant, ils ne se distinguaient plus que par l'étendue de leurs possessions.

PONS.

Pons de Caylus, troisième fils de Pons de Caylus, seigneur de Castelnau et de Bourguine, fille de Déodat de Guillem, seigneur de Clermont, fut le premier de la nouvelle dynastie des seigneurs de cette ville (1).

(1) Pons, seigneur de Clermont, n'était pas seigneur de Castelnau de Bretenous en Quercy, ainsi que le dit par erreur l'*Histoire de Languedoc*, t. XI p. 15, d'après les manuscrits d'Aubaïs. — C'est seulement en 1530 que Castelnau vint en la possession des seigneurs de Clermont.

« Pons Guillem (1), seigneur de Clermont au diocèse de Lodève et vicomte de Nebozon, » assista aux Etats de la Province tenus à Béziers en octobre et novembre 1436. Il fut député par les Etats avec un chambellan du duc de Bourbon à Rodrigue de Villandrado, chef des routiers qui dévastaient le Languedoc, pour l'engager à se retirer moyennant 500 écus d'or pour lui et 200 pour son beau-frère et lieutenant Gui, bâtard de Bourbon. Rodrigue qui était alors près de Carcassonne, accepta et se retira vers le Rouergue (2).

Pons assista, en qualité de baron de Clermont, aux Etats tenus à Montpellier en 1446 (3); à ceux tenus à Toulouse en 1451 (4). Les Etats réunis à Montpellier en 1456 (5) l'envoyèrent, en qualité de député de la noblesse, porter au roi Charles VII les cahiers de leurs doléances. Pons reçut 960 livres pour son ambassade et 640 livres pour son assistance aux Etats.

Peu après son avénement au trône, Louis XI nomma Pons lieutenant du comte du Maine, gouverneur de Languedoc (1462) et le désigna pour l'un des commissaires du roi aux Etats assemblés la même année à Montpellier (6). Pons prit part à la conquête du Roussillon et de la Cerdagne faite en 1462 par le comte de Foix et le duc de Nemours; il fut nommé lieutenant du roi dans ces deux comtés (7).

---

(1) Julien, p. 350, dit que Pons de Clermont se trouva en 1429 à la levée du siège d'Orléans par Jeanne d'Arc. Rien n'infirme cette assertion, mais Pons n'était pas encore seigneur de Clermont.

(2) *Hist. de Languedoc*, t. IX p. 1122. — *Bibliothèque de l'École des Chartes*, année 1854, p. 201.

(3) *Ibid*. t. XI p. 15.

(4) *Ibid*. t. XI p. 25.

(5) *Ibid*. t. XI p. 36.

(6) *Ibid*. t. XI p. 44.

(7) *Ibid*. t. XI p. 160.

L'année suivante (1463), le roi étant à Toulouse, désigna Pons comme principal commissaire de ceux nommés pour assembler les Etats à Montpellier; sur les épices votées par les Etats, Pons reçut 366 livres (1).

Les Catalans s'étant révoltés contre le roi d'Aragon allié du roi de France, Louis XI ordonna à Pons d'interdire la sortie des blés de Languedoc à destination de Barcelone. En lui annonçant l'exécution de cet ordre, Pons écrivit au roi, le 19 mars 1464, qu'il allait se rendre au Puy pour tenir les Etats. Ceux-ci commencèrent leurs travaux le 5 avril et donnèrent 400 livres au seigneur de Clermont comme principal commissaire (2).

Lors de la formation de la Ligue du bien public, plusieurs seigneurs du Midi de la France y adhérèrent (1465), entr'autres le comte d'Armagnac, le sire d'Albret et le vicomte de Polignac. Ce dernier ayant fait défense à ses vassaux de payer les subsides dûs au roi (3), Louis XI manda au seigneur de Clermont-Lodève, lieutenant en Languedoc, de faire publier l'annulation de cette défense et de contraindre les désobéissants au paiement des sommes dues. En même temps, Pons ordonna au sénéchal de Beaucaire de marcher sur la ville du Puy que son évêque voulait livrer aux chefs de la Ligue (4). Peu après, ceux-ci ayant fait leur paix avec le roi (5 octobre 1465), Louis XI donna le gouvernement de Languedoc au duc de Bourbon, l'un d'entr'eux. Pons continua à exercer sous lui la charge de lieutenant du roi dans la Province (5); il était aussi chambellan du roi à cette époque.

(1) *Hist. de Languedoc* t. XI pp. 53-54.
(2) *Ibid.* t. XI pp. 54-55.
(3) *Ibid.* t. XI p. 56.
(4) *Ibid.* t. XI p. 57.
(5) *Ibid.* t. XI p. 60.

En 1466, Pons assista, en qualité de commissaire du roi, aux États tenus à Montpellier où il reçut 400 livres (1); il fut présent, en la même qualité, à ceux réunis au Puy en 1467 (2).

Le duc de Nemours s'était joint à Charles, duc de Normandie, lors de la révolte de ce prince contre Louis XI. Après la réconciliation des deux frères, le duc de Nemours fit sa paix le 14 janvier 1470, promettant d'être fidèle au roi et consentant que tous ses domaines fussent confisqués s'il manquait à son serment. Pons fut commis par le roi, le 17 février de ladite année, pour recevoir le serment touchant les terres que le duc avait en Languedoc; mais étant malade, il délégua ses pouvoirs à Jean de Longroy, conseiller-clerc au Parlement de Toulouse (3).

Pons vivait encore le 18 janvier 1472; à cette date, il reçut diverses reconnaissances pour des biens situés dans la juridiction de Clermont (Amiel, notaire) (4). — Il mourut avant le mois de mars 1475 (5).

Pons fut marié :

1° à Antoinette de Guillem qui testa le 12 septembre 1441 (6). De ce mariage :

(1) *Hist. de Languedoc* t. XI p. 60.
(2) *Ibid.* t. XI p. 62.
(3) *Ibid.* t. XI pp 75-76.
(4) Ces reconnaissances sont rappelées dans une citation du 18 novembre 1758 faite à la requête de Guillaume de Castanier d'Auriac, chevalier, comte de Clermont, vicomte du Bosc, baron de la Coste, et autres lieux, conseiller d'État, et premier président du Grand Conseil, aux hoirs de Pierre Baille, bourgeois de Clermont, d'avoir à faire une nouvelle reconnaissance des biens situés dans la juridiction de Clermont.
(5) Il est à présumer que Pons était déjà mort le 9 octobre 1474, date à laquelle le duc de Bourbonnois, gouverneur de Languedoc, nomma Louis d'Amboise, évêque d'Alby, son lieutenant dans cette Province (*Hist. de Languedoc*, t. XI p. 92). On a vu ci-dessus que Pons remplissait cette fonction.
(6) De Barrau, t. I, p. 542.

1. TRISTAN Guillem qui succéda à son père ;
2. Pons Guillem déshérité par son père et mort sans postérité (1).

2° à Gerentone de Poitiers. En 1465, le roi Louis XI donna « la terre de Cessenon, assise en le comté de Pézénas à sa chère et amée cousine Gerentone de Poictiers, femme de son amé et féal cousin, con- seiller et chambellan, le sire de Clermont-Lodève, lieutenant de son gouverneur en Languedoc » (2). De ce mariage :

1. Antoine Guillem de Clermont, père de Pierre tige des seigneurs du Bosc (?) (3).
2. Jeanne, mariée par Louis XI avant 1472 à Jean d'Ar- pajon, remariée avec Jean de la Molière, seigneur d'Apchon et en troisièmes noces avec Pillart d'Ur- phé, son parent. Lors de son premier mariage, Louis XI lui donna 2,000 écus d'or pour sa dot à cause des services de son père Pons Guillem, son lieute- nant ès-comtés de Roussillon et de Cerdagne et des dépenses qu'il avait faites pour la conquête de ces pays. Jeanne étant morte sans enfant de ses trois maris, le procureur général prétendit que tous ses biens devaient être confisqués parce qu'elle s'était mariée sans dispenses avec un de ses parents; mais le roi Charles VIII se désista de ces prétentions et donna, étant à Lyon, en avril 1497, des lettres de confirmation en faveur de Tristan de Guillem, sei- gneur de Clermont, frère de Jeanne (4).

(1) De Barrau, t. I, p. 542.
(2) *Hist. de Languedoc*, t. XI p. 56, note, et *ibid*. p. 60.
(3) De Barrau, t. I p. 542. — Sur l'origine des seigneurs du Bosc, voir la note XVI.
(4) *Hist. de Languedoc*, t. XI pp. 160-161.

TRISTAN II.

Tristan assista, comme baron de Clermont, aux Etats de Languedoc tenus à Montpellier en 1475 (1). Il se trouva à ceux tenus dans la même ville au mois de juin 1480, en qualité de commissaire du roi et de lieutenant subrogé de son beau-frère Louis d'Amboise, évêque d'Alby, lieutenant du duc de Bourbonnais, gouverneur de Languedoc (2).

Le 25 août de la même année, il donna, en cette qualité, des lettres pour l'élection de trois députés par sénéchaussée pour l'évaluation des feux de la Province (3). Le 6 juin 1481, il écrivit en la même qualité aux consuls de Limoux et d'Aleth pour le département des tailles de ces villes (4).

En mai 1482, la délégation que lui donnait l'évêque d'Alby avait pris fin. Tristan fut, cette même année, l'un des commissaires du roi pour présider aux Etats tenus à Pézénas (5).

En 1483, Tristan fut commis pour mettre en possession la reine Charlotte de Savoie, femme de Louis XI, de toutes les terres situées en Languedoc qui lui avaient été assignées en

(1) *Hist. de Languedoc*, t. XI, p. 93.
(2) *Ibid.*, p. 103.
(3) *Ibid.*, t. XII. Preuves cc. 202 et suiv. — Dans ces lettres, Tristan se dit : Tristan Guillem seigneur de Clermont de Lodève, chevalier, vicomte de Neboson. Il est, à notre connaissance, le seul seigneur de Clermont qui se soit qualifié seigneur de Clermont *de Lodève*.
(4) *Ibid.*, cc. 213 et suiv.
(5) *Ibid.*, c. 220.

domaine. Il reçut de ce chef 162 livres 10 sols tournois (1).

En 1484, il fut lieutenant en Languedoc du roi Charles VIII. Le roi le chargea, au mois de mai de cette année, de se mettre à la tête du ban et de l'arrière-ban de la province et de chasser du comté de Foix un capitaine nommé Robert le Diable, chef des troupes de la princesse de Viane, alors en guerre avec son beau-frère Jean de Foix, vicomte de Narbonne, et qui commettait de grands ravages en Languedoc (2).

En 1491, Tristan obtint du Parlement de Toulouse un arrêt qui mit fin aux contestations qui s'étaient élevées entre lui et ses vassaux de Brusque en Rouergue, au sujet de l'interprétation de la transaction sur les rentes féodales passée en 1327 entre Déodat de Guillem, seigneur de Brusque, et les habitants de ce lieu (3).

Le 19 avril 1497, le roi Charles VIII, étant à Lyon, donna des lettres en faveur de Tristan au sujet de la réclamation formulée par le procureur-général, concernant le don fait par le roi Louis XI à Jeanne de Clermont, sœur de Tristan (4).

Tristan testa le 29 septembre 1497 (5), mais il était encore

(1) Dépense faite par les argentiers de Charlotte, reine de France : « A messire Tristan Guillaume, chevalier, seigneur de Clermont de Loudeve, commissaire de par le Roy, notre sire, pour mettre en possession et saisine réelle et actuelle ladite feue Royne des chasteaulx, terres et seigneuries, revenues, dommaines et autres choses estans en Languedoc a elle baillez par ledit sire a tiltre de douaire, la somme de 162 livres 10 sols tournois à lui ordonnée par ladite feue dame pour ses peines et sallaires de soy estre transporté en et par tout lesdits chasteaulx, terres, dommaines et autres choses quelzconques sur lesquelles estoit assigné ledit douaire, et d'iceulx avoir baillé la possession réelle et actuelle aux procureurs de ladite feue dame cy apres nommez, où il a vacqué par l'espace de 29 Jours entiers pour ce, cy par quittance dudit messire Tristan, signée de sa main et scellée du sel de ses armes, le 27e jour d'octobre l'an 1483 ». (Archives nationales. — *Trésorerie de la Reine,* KK 69, fo 73 vo).

(2) *Hist. de Languedoc,* t. XI p. 126.

(3) De Barrau, t. I p. 413.

(4) *Hist. de Languedoc,* t. XI p. 160.

(5) Voir son testament : Pièce no VII.

vivant au mois de février 1498, date du mariage de son fils aîné Louis, car dans le contrat de mariage Louis est simplement qualifié : « *vicomte de Nebozon,* fils de Tristan de Clermont, *seigneur et vicomte de ces lieux.* » Il mourut la même année, ce qui résulte de la nouvelle confirmation faite par le roi Louis XII en faveur de son fils Louis des biens donnés par Louis XI à Jeanne de Clermont (1).

Tristan était chambellan du roi Louis XI (2) et chevalier de l'ordre de Saint-Michel (3).

Tristan eut pour femme Catherine d'Amboise, fille de Pierre d'Amboise, seigneur de Chaumont, chambellan des rois Charles VIII et Louis XII, et d'Anne de Bueil (4). Elle était sœur du cardinal Georges d'Amboise. Catherine vivait encore en 1529; le 15 juillet de cette année, elle assista au mariage de sa petite-fille Madeleine de Baux-Albaron avec Louis de Montainard, célébré dans le palais des papes à Avignon, où son fils François de Clermont étoit légat du pape (5).

Du mariage de Tristan de Clermont et de Catherine d'Amboise naquirent :

1. Louis, seigneur de Clermont, qui suit;
2. François, cardinal, dit le cardinal de Clermont (6);

(1) *Hist. de Languedoc,* t. XI p. 161.
(2) *Ibid.,* t. XII, Preuves c. 213.
(3) *Gallia Christ.,* t. VI p. 697. — Frizon : *Gallia purpurata,* p. 551 et la *Gallia Christiana* après lui (*ut supra*) rapportent que Tristan fut grand dapifer de France en 1284 sous Charles VIII; c'est une erreur. La charge de dapifer ou sénéchal avait été supprimée en 1191 par le roi Philippe-Auguste. Le dernier dapifer fut Thibaut V comte de Blois (Ste-Marthe : *Histoire généalogique de la maison de France,* t. II p. 952). — La *Gallia Christiana* donne aussi à tort à Tristan le titre de seigneur de Bretenoux; ce n'est qu'en 1530 que Castelnau de Bretenoux vint en la possession des Caylus seigneurs de Clermont.
(4) P. Anselme, t. VII p. 124.
(5) Pithon-Curt, t. IV p. 324.
(6) Voir la note XI.

3. Pierre, seigneur de Clermont après son frère Louis ;

4. Guion, seigneur de Proenques en Rouergue (1) et de Saint-Lanes (2). Il fut, avec son frère Pierre, l'un des commissaires du roi aux Etats tenus à Montpellier en novembre 1529 (3);

5. Jeanne, religieuse au monastère de Saint-Menulphe, ordre de Saint-Benoit (4) ;

6. Marguerite. Elle épousa à Avignon dans le palais des papes le 13 mai 1492 Jacques Alleman de Laudun de Baux-Albaron, seigneur de Lers, de Montfort et de Rochefort en Dauphiné. Elle mourut le 13 mai 1545 (5);

7. Marie, abbesse du couvent de Sainte-Claire des Sœurs Colettes d'Alby (6);

8. Antoinette, mariée à Charles de Vesc, baron de Grimaud en Provence, par contrat du 15 juin 1501 (7);

9. Catherine; elle fut accordée le 12 octobre 1502 avec Jean Grimaldi, seigneur de Monaco (8). Le mariage n'ayant pas eu lieu, elle épousa François de Bouliers, seigneur de la Tour d'Aigues en Provence, lequel testa en 1511. Après la mort de ce dernier, elle se remaria avec Henri d'Oraison, vicomte de Cadenet (9).

---

(1) Testament de Tristan de Guillem.
(2) *Hist. de Languedoc*, t. XII. Preuves c. 422.
(3) *Ibid.* c. 489.
(4) Testament de Tristan de Guillem.
(5) *Ibid.* — Pithon-Curt, t. III p. 323. — Le Laboureur : *Additions aux Mémoires de Castelnau*, t. II p. 21 dit, par erreur, que Marguerite était nièce du cardinal de Clermont.
(6) Et non d'Avignon, comme le dit de Barrau I, 544. — Voir le testament de Tristan de Clermont.
(7) Le Laboureur : *Additions aux Mémoires de Castelnau*, t. II p. 473. — Guy-Allard : *Histoire généalogique de la maison de Vesc.*
(8) De Barrau, t. I p. 544.
(9) Le Laboureur, t. II p. 473.

LOUIS I.

Louis, fils aîné de Tristan, lui succéda en 1498. Il avait épousé du vivant de son père, par contrat du 10 février 1498 (1), Anne de Lascaris, fille unique et héritière de Jean de Lascaris, comte de Tende et d'Isabelle d'Anglure. Anne n'avait que onze ans à l'époque de son mariage.

La même année (1498), le roi Louis XII confirma en faveur de Louis les lettres données par Charles VIII en faveur de Tristan de Guillem, relatives à la succession de Jeanne de Clermont (2).

Louis était mort au mois de septembre 1501, car à cette date *la dame de Clermont* envoie son procureur aux Etats du Languedoc, assemblés dans la ville du Puy (3).

Anne n'ayant pas eu d'enfant de son mariage avec Louis, épousa en secondes noces, par contrat du 28 janvier 1502 (4), René, légitimé de Savoie, comte de Villars, fils du duc Philippe de Savoie.

Anne mourut au mois de juillet 1554 (5).

(1) Comte de Panisse-Passis : *Les Comtes de Tende de la maison de Savoie*, p. 2. — Le contrat fut reçu par Antelme, notaire à Marseille.

(2) *Histoire de Languedoc*, t. XI p. 61. — Pithon-Curt, t. II pp. 125-129 dit par erreur que le roi fit don à Louis de Clermont-Lodève de la dot de sa *sœur* Jeanne. Celle-ci était la tante de Louis.

(3) *Ibid.*, t. XI p. 170.

(4) Comte de Panisse-Passis : *Les Comtes de Tende de la maison de Savoie*, p. 4. — Du Cange : *Historia Byzantina ; Familiæ Byzantinæ* p. 226 rapporte les deux mariages de Anne de Lascaris sans en indiquer la date. — Samuel Grichenon : *Histoire de la maison de Savoie*, t. I 2º partie p. 1101 et le P. Anselme : *Histoire des Grands Officiers*, t. II p. 289, disent par erreur que le mariage de Anne avec René de Savoie eut lieu le 10 février 1498. — Cette date est celle du mariage de Anne avec Louis de Clermont.

(5) *Les Comtes de Tende*, p. 54.

PIERRE.

Pierre, troisième fils de Tristan Guillem, succéda à son
frère Louis en 1501, sous la tutelle de sa mère Catherine
d'Amboise. Cette tutelle avait pris fin en 1510, époque à
laquelle Pierre reçut à Clermont une reconnaissance de Sauveur Joly (Antoine Vitalis, notaire à Clermont) (1).

Pierre eut des démêlés avec ses vassaux sur la forme des
élections consulaires. Il avait prétendu, contrairement à la
transaction de 1341, que les électeurs choisis pour nommer
les consuls de la ville devaient prêter serment entre ses mains.
Un arrêt du Parlement de Toulouse, en date du 20 avril 1520,
le débouta, jugeant que les consuls seuls devaient, après leur
élection, prêter serment au seigneur (2).

En 1525, Pierre était lieutenant du roi en Languedoc; il
assista, en cette qualité, aux Etats tenus cette année à Montpellier, qui lui accordèrent mille livres de gratification et autant pour l'année suivante, « afin qu'il fût plus porté à sou-
lager la Province ». Après la clôture des Etats, il se rendit à
Salces, sur la frontière de Languedoc, pour recevoir la duchesse d'Alençon, qui revenait de Madrid où elle était allée
visiter son frère François I, alors en captivité (3).

(1) Louis de La Roque : *Annuaire historique et généalogique de Languedoc*,
année 1862-1863 p. 22 dit que Affric de Jessé transigea le 28 août 1518 avec
Catherine d'Amboise, *tutrice* de son fils Pierre. C'est une erreur. Dans cet acte
Catherine était seulement procuratrice de son fils : elle paraît déjà à ce titre dans
des quittances données au nom de Pierre en 1515 (*Mémoire des Consuls de Clermont
au Parlement de Grenoble*, 1679).

(2) Cet arrêt est mentionné dans un arrêt du Parlement de Grenoble du
16 février 1681.

(3) *Hist. de Languedoc* t. XI p. 221.

Pierre fut le principal commissaire du roi aux Etats que la régente Louise de Savoie fit assembler à Montpellier au commencement de 1526 (1).

En même temps que le roi confiait à Anne de Montmorency le gouvernement du Languedoc, il nommait Pierre lieutenant du gouverneur; les lettres de nomination du gouverneur et de son lieutenant furent enregistrées par le Parlement de Toulouse, le 7 mai 1526 (2).

Pierre fut principal commissaire du roi aux Etats tenus à Montpellier au mois d'octobre 1526, et reçut 2000 livres de gratification (3).

Pierre avait obtenu des lettres du roi qui lui donnaient pouvoir de connaître en dernier ressort, en qualité de lieutenant du gouverneur de Languedoc. de toutes sortes de causes et de clore et fermer la traite des blés et autres marchandises, c'est-à-dire d'en interdire l'exportation, ce qui était contraire aux intérêts de la Province. Aussi les Etats assemblés à Montpellier en 1527, demandèrent-ils à Pierre de se désister de ce pouvoir, sinon ils ordonneraient au syndic de la Province de s'opposer à l'enregistrement des lettres par le Parlement de Toulouse (4). Le 22 novembre de la même année,

(1) *Hist. de Languedoc* t. XI p. 221.
(2) *Ibid*, XI p. 223. — Le tome XII de l'*Histoire de Languedoc* contient une série de lettres de Pierre de Clermont adressées à Anne de Montmorency. Anne étant souvent absent du Languedoc, Pierre le tenait au courant des événements intéressant le pays : défense des places, mesures militaires, administration, relations avec le Parlement de Toulouse, etc. Ces lettres donnent une haute idée de la valeur du seigneur de Clermont. En écrivant à Montmorency, Pierre se dit toujours son bon serviteur et *cousin*. Ce n'était pas une simple formule, quoiqu'il n'y eut cependant pas de parenté réelle entre eux. Montmorency avait épousé Madeleine de Savoie, fille de René de Savoie et de Anne de Lascaris, comtesse de Tende, veuve de Louis de Clermont frère de Pierre.
(3) *Ibid., ibid.*
(4) *Ibid.* t. XI p. 225.

Pierre écrivit aux consuls de Montpellier pour qu'ils eussent à faire faire le recensement des blés qui se trouvaient dans toute l'étendue de l'évêché de Maguelonne, afin que le roi jugeat s'il devait en interdire l'exportation (1).

La même année, Pierre fit refaire les livres terriers de Clermont; cette opération ne fut terminée qu'en 1529 (2).

Le 21 décembre 1527, les Etats de Languedoc se rassemblèrent extraordinairement à Clermont (3); la session ne dura que deux jours (4).

Le 1er avril 1529, Pierre « seigneur de Clermont, vicomte de Nebouzan, chevalier de l'ordre, conseiller et chamberian ordinaire du Roy et son lieutenant en Languedoc » écrivit de Lunel à tous les officiers du roi en Languedoc pour faire assembler les communes et veiller à la défense du pays contre des bandes venues de Gascogne et qui pillaient la province sous les ordres de Gaillard. de Villemurs et d'Antoine de Lamy (5).

Le 25 mai de la même année, par commission et mandement de Pierre, lieutenant pour le roi au pays du Languedoc, Pierre de Belissen, lieutenant du sénéchal de Carcassonne et de Béziers, fit à Caunes la montre du ban et de l'arrièreban de la sénéchaussée de Carcassonne. Le seigneur de Clermont devait fournir deux hommes d'armes et six archers (6).

Lors de la réunion des Etats qui eut lieu au Pont-Saint-Esprit le 5 novembre 1529, Pierre était premier commissaire du roi. Suivant la demande qui lui en fut faite, il rendit des

(1) *Histoire de Languedoc* t. XII Preuves cc. 438-439 : Lettre de P. de Clermont à Montmorency.
(2) *Mémoire des Consuls de Clermont au Parlement de Grenoble*, 1679.
(3) *Histoire de Languedoc*, t. XI p. 225.
(4) *Ibid.* t. XII. Preuves cc. 440-442 : Lettre de P. de Clermont à Montmorency.
(5) Ménard : *Histoire de Nîmes*, t. IV p, 114.
(6) *Histoire de Languedoc*, t. XI p. 231. — *Ibid.* t. XII Preuves c. 476.

ordonnances concernant la police des gens d'armes qui tenaient garnison dans la Province et la taxe des vivres et autres fournitures qu'on devait leur livrer (1).

En 1530, Jean seigneur de Castelnau, étant mort sans enfant et la branche aînée des Caylus se trouvant ainsi éteinte, Pierre hérita de tous ses biens et joignit à ses possessions la terre de Castelnau de Bretenoux en Quercy et la baronnie de Calmont d'Olt en Rouergue (2).

Pierre fut un des commissaires du roi aux Etats tenus à Montpellier au mois de décembre 1530 (3). A cette époque, il était capitaine d'une compagnie de gens d'armes (4). En 1531, il fut l'un des commissaires aux Etats tenus à Nîmes au mois de novembre (5).

Le 15 mai 1533, Pierre fut nommé sénéchal de Carcassonne (6). Il visita les principales villes de son département et fit son entrée dans Carcassonne le 22 juillet de la même

(1) *Hist. de Languedoc*, t. XI p. 227.

(2) De Barrau t. I p. 585. — Affre : *Simples récits historiques sur Espalion*, pp. 166-167. — Pierre de Clermont et Jean de Castelnau étaient cousins issus de germains :

PONS DE CAYLUS
marié à Bourguine de Clermont

ANTOINE DE CAYLUS seigneur de Castelnau et de Calmont d'Olt	PONS DE CAYLUS marié à Antoinette Guillem de Clermont
JEAN II DE CASTELNAU	TRISTAN GUILLEM DE CLERMONT

JACQUES	JEAN III	PIERRE GUILLEM DE CLERMONT
✝ en 1518 sans enfant	✝ en 1530 sans enfant	

(3) *Hist. de Languedoc*, t. XII Preuves cc. 491-492.

(4) *Ibid.* c. 492. Lettre des Etats de Languedoc à Montmorency.

(5) *Ibid.* t. XI p. 232.

(6) Mahul : *Cartulaire de Carcassonne* t. VI p. 281. — D'après le *Bulletin de la Société Archéologique de Béziers* t. I p. 30, cette nomination aurait été faite au mois de juin 1533, le roi François 1er étant à Lyon. L'office était vacant par la mort de Jean de Levis, bâtard de Mirepoix.

année. Il fut reçu par les consuls à la porte de la ville, et après les cérémonies d'usage, on lui fit présent d'un grand bassin d'argent aux armes de la ville (1). De là, il se rendit à Toulouse à la suite du maréchal de Montmorency pour y attendre le roi François Ier qui fit son entrée dans cette ville le 1er août 1533 (2). Pierre écrivit de Toulouse aux consuls de Béziers que le roi visiterait leur ville, et il s'y trouvait lui-même pour le recevoir lorsqu'il y arriva le 13 août 1533 (3).

Pierre testa le 26 septembre 1535 (4); il mourut en 1536 exerçant encore la charge de sénéchal de Carcassonne (5). Il était, en outre, gouverneur de la ville d'Aigues-Mortes (6).

On a avancé à tort que Pierre fut Grand Pannetier de France et ensuite Grand Maître de France (7). Le premier de ces offices fut rempli de 1498 à 1546 par René de Cossé, seigneur de Brissac et Charles de Crussol, vicomte d'Usez (8). Les grands maîtres de France pendant la même période furent : François, comte de Laval ; Charles d'Amboise, seigneur de Chaumont, cousin germain de Pierre de Clermont ; Jacques de Chabannes; Artus Gouffier; René, bâtard de Savoie, comte de Tende, second mari d'Anne de Lascaris, veuve de Louis de Clermont, frère de Pierre ; et Anne, duc de Montmorency (9).

Pierre fut marié par contrat du 15 mai 1514 passé au lieu

(1) Mahul t. VI 1re partie p. 36 (d'après Bourges : *Histoire de Carcassonne* p. 301).
(2) *Histoire de Languedoc* t. XI p. 238.
(3) *Bulletin de la Société Archéologique de Béziers* t. I.
(4) De Barrau : t. I p. 545.
(5) Mahul : t. VI p. 281.
(6) Le Laboureur : *Additions aux Mémoires de Castelnau* t. III p. 235.
(7) Jullien p. 271.
(8) *Histoire des Grands Officiers* t. VIII pp. 671 à 673.
(9) *Ibid.* t. VIII pp. 383 à 386.

de Sainte-Esperie en Quercy avec Marguerite de la Tour, fille
d'Antoine de la Tour, vicomte de Turenne et d'Antoinette
de Pons (1). Marguerite vivait encore en 1572 (2). De ce mariage :

1. Jacques, qui succéda à son père;
2. Guy, seigneur de Clermont après Jacques ;
3. François, baron de Lombez. En 1572, le maréchal de
   Montmorency-Damville qui assiégeait Nîmes, l'envoya en ambassade auprès du roi Charles IX pour
   lui demander des secours. François revint au mois de
   décembre de la même année, avec des lettres du roi
   l'autorisant à lever de nouvelles troupes avec huit
   canons de batterie et quatre couleuvrines. François
   était chevalier de l'ordre du roi (3). Il mourut en
   1584 (4).
4. Jean, vicomte de Castelnau, épousa Béatrix de Caylus,
   fille aînée et héritière de Antoine de Caylus, seigneur
   de la moitié de Lunas, veuve en 1534 de Jean de
   Narbonne, seigneur de l'autre moitié de Lunas. Le
   12 octobre 1540, Jean et Béatrix dénombrèrent la
   moitié de Lunas (5).
5. Catherine, mariée en 1535 à Deodat de Montal, seigneur de Roquebrun et de Carbonières (6).

---

(1) Baluze : Histoire de la maison d'Auvergne t. 1 p. 413.
(2) Le 14 août 1572 elle donna une quittance (Arrêt du Parlement de Grenoble
de 1681).
(3) Marquis d'Aubaïs : Pièces fugitives t. 1. : Histoire des Guerres du Comtat-
Venaissin, de Provence et de Languedoc par Louis Perussis p. 142.
(4) De Barrau t. 1 p. 545.
(5) Marquis d'Aubaïs : Pièces fugitives : Journal de Charbonneau, notes p. 26.
(6) Baluze : Histoire de la maison d'Auvergne t. 1 p. 415.—De Barrau t. 1 p. 545

6. Françoise, religieuse de Sainte-Claire à Avignon (1).

7. Jeanne, mariée au seigneur de Panat (2).

8. Isabelle, religieuse au monastère de Prouille en Languedoc (3).

9. Françoise, mariée le 15 juin 1550 à Charles de Rochechouart, seigneur de Barbazan, baron de St-Amand, de Faudoas et de Montaigu, chevalier de l'ordre de Saint-Michel. Elle testa en sa faveur le 24 juin 1551 et mourut sans enfant (4).

10. Antoinette, mariée le 11 novembre 1557 à Jean de Chources, seigneur de Bremien et de Boisfrelon, chevalier de l'ordre du roi, capitaine d'une compagnie de 50 hommes d'armes, gouverneur des ville et château de Vendôme (5).

JACQUES.

Jacques, fils aîné (6) de Pierre, lui succéda en 1536. Il fut nommé sénéchal de Carcassonne en mars 1536 après la mort de son père (7) et fut, comme lui, lieutenant de Montmorency, gouverneur de Languedoc. Il fut l'un des principaux

(1) (2) (3) De Barrau t. 1 p. 545.

(4) Le Laboureur t. III p. 235. — De Barrau t. 1 p. 585.

(5) D'Hozier t. 1 p. 141. — De Barrau t. 1 p. 585 dit que le mariage eut lieu le 15 juin 1556.

(6) Baluze, *Histoire de la maison d'Auvergne* t. 1 p. 415. — *Gallia Christiana* t. V p. 252. — Durand p. 186 ne compte pas Jacques parmi les seigneurs de Clermont; il en fait le fils puîné de Pierre. — L'*Histoire de Languedoc* t. XI p. 161 omet aussi Jacques dans la suite généalogique des seigneurs de Clermont.

(7) Mahul t. VI 1re partie p. 281 : Liste des sénéchaux de Carcassonne.

commissaires aux Etats de la Province assemblés à Montpellier le 18 octobre 1536 (1).

Jacques était encore sénéchal de Carcassonne au mois de juin 1537 (2); mais il embrassa peu après l'état ecclésiastique et le 24 mai 1539 il fut nommé évêque de Saint-Pons par cession de son oncle le cardinal de Clermont (3). Il fut aussi prévôt de l'église de Toulouse de 1540 à 1563 (4); abbé commendataire de Candeil de 1546 à 1586 (5), de Saint-Florent-lez-Saumur (6), de Bonneval en Rouergue, enfin de Saint-Côme en 1579 (7).

En 1586, il fit un accord avec son petit-neveu Alexandre, seigneur de Clermont, au sujet de la succession de son frère François, seigneur de Lombez, il lui abandonna la totalité de cette succession, s'en réservant l'usufruit. Il mourut le 3 des ides de septembre (11 septembre) de la même année (8).

GUI I.

Gui succéda à son frère Jacques en 1537. Il fut chambellan du roi François Ier et sénéchal de Carcassonne du mois de février 1541 jusqu'à sa mort en septembre 1544 (9).

(1) *Histoire de Languedoc* t. XI p. 254. Les Bénédictins le désignent simplement par son titre : seigneur de Clermont-Lodève, sans mentionner son nom.

(2) Mahul, *ut suprà*.

(3) *Hist. de Languedoc* t. IV p. 421.

(4) *Gallia Christiana* t. VI p. 251. — Du Mège : *Histoire de la ville de Toulouse*, t. III p. 142.

(5) *Hist. de Languedoc* t. IV p. 626.

(6) Baluze : *Histoire de la maison d'Auvergne* t. 1 p. 415.

(7) Affre : *Lettres sur l'Histoire de l'arrondissement d'Espalion*, p. 165.

(8) *Gallia Christiana* t. VI p., 251.

(9) Mahul t. VI 1re partie p 281 : Liste des sénéchaux de Carcassonne.

Il épousa le 10 mars 1542 Louise de Bretagne, fille de François de Bretagne (1) Comte de Vertus, baron d'Avangour, et de Madeleine d'Astarac. Il testa au château de Clermont le 17 septembre 1544 et mourut le même jour ou le lendemain. De son mariage avec Louise de Bretagne il eut un fils :

Gui qui lui succéda.

GUI II.

Gui II n'avait qu'un an à la mort de son père en 1544 ; il eut pour tuteur son oncle Jacques de Clermont, évêque de Saint-Pons (2).

Il fut représenté par son envoyé aux Etats de Languedoc tenus à Beaucaire en 1549 et à ceux assemblés à Montpellier en 1554 et 1557 (3).

Pendant les guerres de la ligue, Gui II tint toujours le parti des catholiques. A la fin de 1561, il commandait une compagnie de gens d'armes en Languedoc sous les ordres du vicomte de Joyeuse (4).

En 1566 il était sénéchal de Toulouse et commandait dans la ville (5). Il se fit représenter aux Etats tenus à Carcassonne

(1) François de Bretagne était fils d'autre François, légitimé de Bretagne, fils du dernier duc de Bretagne François II et de Marguerite de Magnelais. (Sainte-Marthe : *Histoire généalogique de la maison de France* t. II p. 622).

(2) Affre : *Simples récits historiques sur Espalion* p. 167.

(3) *Hist. de Languedoc* t. XI pp. 291, 313, 321. — On lit dans la même *Histoire* t. XI p. 308 qu'en 1552 le seigneur de Clermont-Lodève se trouvait dans Metz assiégé par Charles-Quint ; or, en 1552, Gui n'avait que neuf ans. C'est sans doute un de ses oncles François de Clermont, seigneur de Lombez ou Jean de Clermont, vicomte de Castelnau, qui était venu s'enfermer dans la place avec le duc de Guise.

(4) *Ibid.* t. XI p. 369.

(5) *Ibid.* t. XII Preuves cc. 833, 830.

en décembre 1568 (1). Au mois de février 1570 il fut nommé
pour la seconde fois sénéchal de Toulouse et gouverneur de
cette ville après la mort du baron de Bellegarde survenue le
30 janvier de cette année (2). Il fut laissé dans Toulouse par
le maréchal de Danville quand celui-ci alla vers Montpellier
pour arrêter l'armée des princes protestants. Gui était encore
sénéchal après le 20 octobre 1572 (3).

L'édit de pacification du 8 août 1570 ayant été publié à Toulouse, Gui écrivit à la reine-mère Catherine de Médicis — le
2 septembre — que cet édit avait été reçu avec joie dans le
pays. Au mois de décembre, Charles IX lui répondit d'avoir à
le faire observer fidèlement (4).

En 1575, Gui était commandant pour le roi en Quercy ; il
eut à cette époque divers procès au sujet de la succession de
Jean de Bernuy, vicomte de Venez, frère de sa femme. Le roi
Henri III par des lettres patentes en date du 20 avril 1575
évoqua tous ces procès devant le Grand Conseil (5). En 1576,
Gui était encore gouverneur de Quercy (6).

Au mois de janvier de cette même année (1576) le maréchal de Damville gouverneur de Languedoc qui, en 1574,
avait embrassé le parti des politiques, s'empara de Clermont(7).

(1) *Hist. de Languedoc* t. XI p. 513.
(2) *Ibid.* t. XII Preuves c. 924.
(3) *Ibid., ibid.* c. 1018.
(4) *Ibid.* t. XI p. 538, note.
(5) Voir Pièce nº IX.
(6) D'Hozier t. III article Fontanges p. 9. — P. Anselme : *Histoire des Grands Officiers* t. V p. 897.
(7) Nous n'avons pas à relater ici les diverses entreprises de Damville et de Joyeuse sur Clermont depuis cette époque jusqu'à celle où l'autorité de Henri IV fut entièrement reconnue dans le Languedoc; disons seulement que Clermont appartint successivement aux catholiques et aux religionnaires. Les seigneurs de Clermont furent toujours du parti catholique ; lors de l'établissement de la ligue, ils en embrassèrent la cause. Alexandre de Clermont, successeur de Gui, ne se soumit à Henri IV qu'en 1593.

Au mois de novembre 1577, Gui assista aux Etats assemblés à Béziers par Damville après l'édit de pacification du mois de septembre précédent. Il était à cette époque chevalier de l'Ordre (1). Gui mourut assassiné, à une date antérieure à septembre 1581 (2).

Il avait épousé en 1565, Aldonce de Bernuy fille de Jean de Bernuy, seigneur de Palficat, chevalier de l'Ordre, et de Marguerite de Carmaing et de Foix, vicomtesse de Rodde et de Lautrec, dame de Venez et de Saissac (3). Aldonce figura à la cour de Catherine de Médicis (4). Elle fut héritière des biens de sa maison après la mort de son frère Jean de Bernuy, vicomte de Venez. Après la mort de Gui, elle embrassa la religion réformée et fut faite prisonnière le 6 mai 1591 dans son château de Saissac par le duc de Joyeuse chef des ligueurs (5).

Elle se remaria avec le comte de Montgomery, l'un des principaux chefs des religionnaires de Languedoc (6). Elle obtint de Henri IV l'érection de la terre de Saissac en marquisat

(1) *Hist. de Languedoc* t. XI p. 654.

(2) Voir Pièce n° x : Mandement du roi Henri III concernant les assassins de Gui seigneur de Clermont.

(3) *Hist. de Languedoc* t. XI p. 251.

(4) Brantôme : *Discours sur Catherine de Médicis.* — Le Laboureur : *Additions aux Mémoires de Castelnau* t. II p. 318.

(5) Marquis d'Aubaïs : *Pièces fugitives* t. III : Journal de Faurin p. 34.

(6) Nous n'avons pu fixer la date du second mariage d'Aldonce de Bernuy que Durand (*Histoire de Clermont* p. 199) place à tort en 1603. Ce mariage eut lieu entre 1586 et 1595, mais probablement à la première de ces dates ou peu après, car on lit dans l'*Histoire de Languedoc* (t. XI p. 743) que, au mois d'avril 1586, Montgomery étoit retenu dans l'Albigeois « par ses amours avec la dame de Clermont ». — En 1595, Montgomery est seigneur de Venez (*Ibid.* p. 853) l'une des terres d'Aldonce. — Et en 1596, on trouve dans une pièce des procès de Louis II de Clermont avec ses vassaux, (Avertissement pour les Consuls et habitants de Clermont etc., 1629) une quittance donnée par la dame de Montgomery, comtesse de Clermont.

par lettres d'avril 1604, enregistrées au Parlement de Toulouse le 3 septembre de la même année (1).

Il est à présumer que Aldonce de Bernuy, vers la fin de sa vie, retourna à la religion catholique, car on lit dans le livre archivial des PP. Récolets de Clermont que « Madame la douairière de Clermont qui faisait pour lors sa résidence ordinaire en cette ville, donna cinquante escus (au couvent des Récolets) et permit de faire couper tous les ans dans le bois de Noves tout le bois nécessaire pour le chauffage, ce qui a continué depuis » (2).

Gui II eut pour enfants :

1. ALEXANDRE, qui suit.
2. Jean, abbé de Bonneval (3), abbé commendataire de Candeil, en 1587, après la mort de son grand-oncle Jacques de Clermont (4), évêque de Saint-Pons. A la mort de Jacques, Jean demanda son évêché au roi, mais ne pouvant, à cause de ses occupations, exercer les fonctions d'évêque, il pria le roi de remplir les lettres patentes de nomination avec le nom de Pierre de Fleyres, fils du juge de ses domaines. Pierre fut nommé. Jean de Clermont voulut plus tard se faire rendre l'évêché de Saint-Pons, mais Pierre refusa, et Jean écrivit au roi en 1616, pour se plaindre des mauvais procédés de Pierre à son égard (5).

---

(1) Marquis d'Aubaïs : *Pièces fugitives* t. II ; Notes sur le Journal de Faurin, p. 53. — Expilly : *Dictionnaire géographique*, article *Saissac*.

(2) Le livre archivial n'indique pas la date de cette donation, mais ce doit être celle de la fondation du couvent en 1611, ou peu après, car la liste des dons qu'a reçus celui-ci est faite par ordre chronologique, et le don de la dame de Clermont précède celui fait en 1612 par le connétable de Montmorency gouverneur de Languedoc.

(3) De Barrau t. I p. 545.

(4) *Hist. de Languedoc* t. IV p. 626.

(5) *Ibid.* t. XI p. 811, note.

3 . Odet, mort jeune (1).

4 . Jacquette. Elle épousa, le 15 juillet 1589, dans la chapelle de Castelnau-de-Bretenoux, Jean V d'Arpajon, baron d'Arpajon et de Severac, comte de Mirabeau, de Lautrec et d'Hauterive, capitaine de 50 hommes d'armes des ordonnances du roi. Elle eut 50,000 livres de dot, et reçut en jouissance, d'Alexandre de Clermont, son frère, les terres de Brusque et de Fayet (2). Elle testa, le 14 janvier 1658 (3) et mourut à Fayet, le 18 février 1659 (4).

5 . Françoise, mariée à Claude de Thezan, co-seigneur de Venasque, seigneur de Saint-Didier. Elle eut en dot la vicomté de Saint-Gervais (5).

6 . Marguerite, morte jeune.

ALEXANDRE.

Alexandre devint seigneur de Clermont vers 1581, sous la tutelle de sa mère. Il fit son entrée dans la ville d'Espalion, en Rouergue, en 1589 (6).

Il fut l'un des tenants de la Ligue en Languedoc : en 1591,

(1) De Barrau t. 1 p. 545.

(2) Ibid. t. 1 p. 380. — De Barrau dit que Jacquette reçut Brusque et Fayet de son frère Antoine. Jacquette n'avait pas de frère de ce nom. — D'après l'Histoire des Grands Officiers t. v p. 897, le mariage aurait eu lieu le 29 juillet 1589. — Et d'après Julien p. 13 en 1582.

(3) Histoire des Grands Officiers t. v p. 897.

(4) De Barrau t. 1 pp. 413-414,

(5) Ibid., ut suprà. — D'Hozier t. 11 p. 583.

(6) Affre : Simples récits historiques sur Espalion, p. 167.

62

il se trouvait dans l'armée de Joyeuse contre Montmorency;
(1) il y commandait une compagnie au combat de Cesseras
(2). L'année suivante, le duc de Joyeuse étant mort, il figura
au nombre des chefs des ligueurs qui allèrent solliciter le cardinal de Joyeuse, frère du duc, à engager son frère, le P. Ange,
capucin, d'accepter le gouvernement de Languedoc (3).

Peu après — novembre 1592 — il assista aux États de la
partie de la province qui tenait pour la Ligue (4).

Au mois de mai 1593, il avait fait sa soumission à Henri IV,
car on le trouve, à cette époque, capitaine d'une compagnie
de cinquante hommes d'armes des ordonnances du roi (5).

Alexandre eut de fréquents démêlés avec ses vassaux du
Rouergue. En 1594, voulant mettre une garnison dans
Espalion, qui dépendait de sa baronie de Calmont, et ce,
contrairement aux coutumes, les habitants résistèrent. Il
traduisit alors les consuls devant le Conseil des requêtes de
Toulouse, mais ceux-ci obtinrent que l'affaire fût portée
devant le parlement de cette ville où ils eurent gain de cause.
Alexandre, bravant l'arrêt, en appela à la force et, en 1595,
il vint mettre le siège devant Espalion qui avait fermé ses
portes. Après une attaque qui dura trois jours, il fut obligé
de se retirer (6).

(1) Marquis d'Aubaïs : *Pièces fugitives* t. III : Mémoires d'Ambres p. 23.
(2) *Histoire de Languedoc* t. XI p. 815.
(3) *Ibid.* p. 829.
(4) *Ibid.* p. 831.
(5) Affre : *Lettres sur l'Histoire de l'arrondissement d'Espalion,* t. I p. 115 ; Les
habitants d'Alayrac, membre de la baronnie de Calmont d'Olt, adressent une
supplique à leur seigneur pour lui exposer tout ce qu'ils ont eu à souffrir du
passage de 2,000 hommes de guerre : « A très hault et puissant seigneur Messire
Alexandre de Castelnau-Clermont sieur et baron desditz lieux et de la baronie de
Calmont d'Oult capitaine de cinquante hommes d'armes des ordonnances du roy. »
(6) Affre, dans ses *Simples récits historiques sur Espalion,* pp. 227 à 248, donne
de longs détails sur ce siège.

La même année, l'envoyé d'Alexandre assista aux Etats de la partie de la province soumise au roi, assemblés à Lavaur, le 17 février, par le duc de Ventadour, lieutenant-général du connétable de Montmorency au gouvernement de Languedoc. En 1596, son envoyé assista aux Etats de Pézenas convoqués par le duc de Ventadour pour la partie de la province qui obéissait à Henri IV (1).

Alexandre se fit représenter aux Etats d'avril 1599, tenus à Pézenas, à ceux de Carcassonne au mois de novembre de la même année, de 1602 à Pézenas, de 1603 à Carcassonne (2). Il assista à ceux de 1612 à Pézenas, et à ceux de Béziers en 1620 (3).

Il mourut le 16 août 1621, assassiné par ses domestiques (4).

Il avait épousé, le 6 décembre 1594, Charlotte-Catherine de Caumont, fille de Gabriel de Caumont, comte de Lauzun, et de Charlotte d'Estissac (5). Elle était filleule du roi Charles IX et de Catherine de Médicis (6).

De ce mariage :

1. Gabriel, mort jeune.
2. GABRIEL-ALDONCE, qui suit.

---

(1) *Hist. de Languedoc* t. XI p. 847.

(2) *Ibid.* pp. 882, 885, 892, 894.

(3) *Ibid.* pp. 912, 936.

(4) Affre : *Simples récits historiques sur Espalion* p. 227 : « Alexandre de Castelnau et de Clermont mourut misérablement. Il fut tué par ses propres domestiques dans son lit, le soir du seize août 1621, à coups de sachets remplis de sable. Les meurtriers ne purent échapper aux rigueurs de la justice qui les condamna à perdre la vie. Ils furent tenaillés à Toulouse sur la place Saint-George ». — D'après de Barrau t. I p. 545 Alexandre serait mort en 1622.

(5) De Barrau t. I p. 545.

(6) *Histoire des Grands Officiers* t. IV p. 480.

GABRIEL ALDONCE.

Gabriel Aldonce succéda à son père Alexandre en 1621.

Pendant les guerres de religion qui eurent lieu en Languedoc sous le règne de Louis XIII, Gabriel Aldonce tint le parti catholique. Il assista, en 1627, au combat de Souilles livré entre Henri de Montmorency, gouverneur de Languedoc, et le duc de Rohan, chef des religionnaires (1).

En 1629, il se fit représenter aux Etats tenus à Béziers. Le duc de Montmorency sollicitant l'envoyé du baron de Clermont de donner sa voix pour l'établissement des élus qui venait d'être décrété par un édit du roi, en violation des privilèges de la Province, l'envoyé lui répondit : « Mais, monsieur, quand même nous serions tous criminels de lèse-majesté, le roi se contenterait de nous punir sans nous faire signer notre arrêt de mort; et vous exigez que nous demandions nous-mêmes notre anéantissement ? Quelle opinion voulez-vous que la postérité ait de nous, si au lieu de soutenir les privilèges que nous avons reçus de nos ancêtres, nous sommes assez lâches, non seulement pour consentir à leur suppression, mais encore pour l'accélérer ? (2) ».

Gabriel Aldonce fut représenté aux Etats tenus à Pézenas de décembre 1631 à janvier 1632 (3).

---

(1) *Hist. de Languedoc* t. XI p. 1009. — L'*Histoire de Languedoc* donne ici pour la première fois le titre de comte au seigneur de Clermont. Nous n'avons pu déterminer l'époque à laquelle la terre de Clermont fut érigée en comté; ce fut sans doute un peu avant 1627.

(2) Desormeaux : *Histoire de la maison de Montmorency* t. III p. 313. — Les termes de cette réponse, quoique identiques au sens des paroles que l'*Histoire de Languedoc* (t. XI p. 1045) met dans la bouche de l'envoyé de Clermont, en diffèrent par la forme.

(3) *Hist. de Languedoc*, t. XI p. 1053.

En 1637 il se trouva à l'armée qui sous les ordres du duc d'Halwin, alla secourir Leucate assiégée par les Espagnols. A la tête de 60 gentilshommes, Gabriel Aldonce attaqua les retranchements espagnols, pénétra dans le camp ennemi ; il y fut blessé (1).

En 1642 il fut représenté aux Etats tenus à Béziers (2), et assista à ceux de 1654 (3). Il mourut à Castelnau de Bretenoux le 7 août 1657 (4).

Gabriel Aldonce avait épousé au mois d'août 1626 (5) Marie Madeleine du Prat, fille de Michel Antoine du Prat, sieur de Nantouillet et de Marie Seguier. Elle testa le 24 août 1670 et mourut à Castres la même année (6).

De leur mariage :

1. Louis, dit le marquis de Saissac, (7) tué en duel à Bordeaux en 1651 par le comte de Coligny, étant alors capitaine de cavalerie dans le régiment d'Enghien (8).

2. LOUIS, né le 27 juin 1630, dit l'abbé de Clermont,

(1) *Histoire de Languedoc* t. xi pp. 1114-1116.
(2) *Ibid.* p. 1130.
(3) Bejard : *Recueil des titres, blasons, etc. des seigneurs barons des Etats de la Province de Languedoc*, 1654.
(4) De Barrau t. 1 p. 545. — L'*Histoire de Languedoc* t. xi p. 161 donne la filiation des seigneurs de Clermont depuis Tristan I ; cette suite renferme de nombreuses erreurs en ce qui concerne les derniers. « Elle (Aldonce de Bernuy, femme de Gui II) eut du premier lit Alexandre de Castelnau, baron de Clermont de Lodève, marquis de Saissac, qui de Charlotte de Caumont-Lauzun eut Gabriel-Aldonce comte de Clermont-Lodève et marquis de Saissac qui mourut en 1705 ne laissant qu'un fils, mort en 1715, sans postérité de Jeanne-Thérèse-Pélagie d'Albert ». — Gabriel-Aldonce mourut en 1657. Il avait eu quatre fils, dont deux Louis II et Louis III furent seigneurs de Clermont. Celui des deux, Louis III qui épousa Jeanne d'Albert mourut en 1705 ; de leur mariage un fils, Constance, mort en 1715.
(5) *Ibid.* t. 1 p. 545.
(6) Affre : *Simples récits historiques sur Espalion* p. 168.
(7) Julien, p. 59.
(8) De Barrau, t. 1 p. 545.

vicomte de Neboson et baron de Saint-Chantin (1).
Devenu l'héritier de sa maison par la mort de son
frère, il quitta l'état ecclésiastique et fut seigneur de
Clermont après son père (2).

3. Louis baron de Calmont et d'Espalion (3), chevalier de
Malte, mort au siège de Cambrai en 1669 (4).

4. LOUIS, vicomte de Venez, (5) né en 1632, nommé le
marquis de Saissac à la mort de son frère aîné. Il fut
seigneur de Clermont après son frère.

(1) Julien p. 59.
(2) De Barrau t. 1 p 545.
(3) Julien, p. 59.
(4) Affre : *Simples récits historiques sur Espalion* p. 168. — M. Michel Paléologue, dans son étude sur les « Lettres de la Religieuse Portugaise » (*Revue des
Deux-Mondes,* n° du 15 octobre 1889), après avoir énuméré les divers personnages
que l'on a cru être le destinataire de ces lettres, ajoute : « On pourrait, avec plus
d'apparence et de raison, désigner comme destinataire des Lettres Portugaises le
chevalier de Clermont, de la maison de Clermont-Lodève, qui prit part aussi à
l'expédition de Portugal en 1667 et qui fut un des plus hardis et des plus célèbres
libertins de son temps ». Si la version de M. Michel Paléologue était adoptée, il
y aurait lieu de faire des réserves sur le caractère qu'il prête au chevalier de
Clermont qui ne peut être que Louis, le troisième des fils de Gabriel-Aldonce.
En 1667, date de l'expédition de Portugal, Louis, l'aîné, était mort depuis longtemps déjà; Louis, le second était seigneur de Clermont; Louis, le quatrième
portait le nom de Saissac qu'il avait pris après la mort de son frère aîné (Voir la
pièce n° XI en date du 1er mars 1655). En disant que le chevalier de Clermont
fut un des plus célèbres libertins de son temps, M. Paléologue le confond,
croyons-nous, avec son plus jeune frère Saissac, fort libertin, en effet, et fort
débauché. Saissac, ainsi que le fait remarquer M. Walkenaer dans ses *Mémoires
sur Madame de Sévigné,* avait déjà été confondu avec son frère Louis, comte de
Clermont, au grand détriment de celui-ci. Pareille méprise a été commise de nos
jours. M. Loiseleur, dans son *Étude sur la Brinvilliers et l'affaire des poisons,* dit
que le comte de Clermont fut impliqué dans l'affaire. M. Paul Le Blanc, qui a
publié le *Journal de Baudouin sur les Grands Jours de Languedoc en 1667,* indique
dans une note de cet ouvrage (p. 119) que le comte de Clermont qui fut condamné par les Grands Jours est le même que celui dont parle Mme de Sévigné
dans ses lettres. — C'est une double erreur; dans les deux cas il s'agit de Saissac,
le quatrième des fils de Gabriel-Aldonce.
(5) Julien, p. 59.

5. Louise de Guillem de Clermont, dite Mademoiselle de Clermont, (1) mariée à Charles de Bérenger, marquis de Montmaton. Elle mourut en 1671 et fut inhumée dans l'abbaye de Bonneval, en Rouergue (2).

6. Charlotte de Guillem, dite Mademoiselle de Castelnau, (3) mariée au marquis de la Roque (4).

LOUIS II.

« Louis de Guilhem, Clermont, Caraman et Foix, comte de Clermont, marquis de Saissac, vicomte de Lautrec, seigneur et baron des baronnies de Castelnau et Clermont, Venez, Quilhe, Beaulieu, Boussagues et autres places » (5), succéda à son père Gabriel Aldonce le 7 avril 1657.

A peine eut-il pris possession de sa seigneurie, il fit mettre en prison deux des consuls de Clermont ; une émeute éclata ; (1657) pour sauver sa vie, Louis fut obligé de se réfugier au couvent des PP. Récollets (6).

Il commença dès lors, contre ses vassaux, une série de

(1) (3) Julien, p. 59.
(2) Affre : *Lettres sur l'Histoire de l'arrondissement d'Espalion* t. 1 p. 386.
(4) De Barrau t. 1 p. 545.
(5) Qualifications prises par Louis de Clermont dans une procuration donnée à Castelnau de Bretenoux en 1658 à Gaspard de Clermont vicomte du Bosc. (Archives de Clermont : Procès d'Aussatières, pièce n° 24). — Après son mariage avec Anne de Saint-Baussan, Louis ajouta à ses titres celui de seigneur du duché d'Halwin : les terres ayant formé ce duché appartenaient à sa femme.
(6) L'émeute eut-elle lieu avant ou après le 7 août 1657 ? C'est ce que nous ignorons, le livre archivial des PP. Récollets de Clermont mentionnant seulement l'année. Les procès-verbaux des délibérations du Conseil de la Commune de Clermont auraient pu jeter quelque jour sur cette affaire, mais ils n'existent pas pour l'année 1657. Si l'émeute fut antérieure au 7 août 1657, elle fut dirigée

procès injustes qui occupèrent presque toute la durée de son règne (1).

En 1667, Louis fut cité à comparaître devant les commissaires de la Chambre des Grands Jours séant à Nîmes (2) pour s'être porté à des voies de fait contre un consul d'Espalion, Pierre Pradier (3). Le 28 février 1667, la Chambre des Grands Jours, le seigneur défaillant, rendit cet arrêt :

contre Gabriel-Aldonce. Il nous paraît cependant, d'après la rédaction du Livre archivial des PP. Récollets de Clermont qu'il s'agit, dans cette affaire, de son fils Louis. « En 1657, dit ce livre, le père Thomas de Madelet de Caylus, gardien du Couvent des Recolets, sauva la vie au seigneur de Clermont qui se réfugia dans son couvent. Le 23 novembre 1658, le père Séraphin Mathieu fut élu gardien. Il appaisa les troubles émus *de nouveau* entre le comte de Clermont et ses sujets.» Louis étant seigneur en 1658, les mots « *de nouveau* » font présumer qu'il s'agit de lui en 1657.

(1) La liste des procès causés par les prétentions de Louis de Clermont est longue ; le seigneur voulait enlever aux habitants de Clermont certains privilèges accordés par la transaction de 1341-1347, ainsi que diverses propriétés appartenant soit à la Communauté, soit à l'hôpital. De là des différends de deux sortes, les uns politiques, les autres civils. Nous ne nous occuperons pas de ceux-ci, nous contentant de les énoncer : 1 et 2. Droit de chasse et de pâturage dans le territoire de Clermont enlevé aux habitants. — 3. Élévation de la quotité du droit de lods. — 4. Paiement du droit des lods sur l'engagement des fours bannaux fait par la Communauté. — 5 et 6. Confiscation au profit du seigneur du droit de courtage des huiles appartenant à l'hôpital et d'une maison située devant l'église Saint-Paul, appartenant à la Communauté. Cette série de procès, dont le premier fut jugé en 1658, se déroula devant les diverses Chambres du Parlement de Toulouse, la Cour des Aides de Montpellier et l'Intendant de Languedoc. Enfin deux arrêts du Conseil d'État en date des 8 février 1675 et 6 août 1677 renvoyèrent toutes ces affaires au Parlement de Grenoble qui, par un arrêt du 3 juillet 1681, débouta le seigneur.

(2) Louis XIV établit une Chambre des Grands Jours au Puy-en-Velay pour tout le ressort du Parlement de Toulouse, par déclaration du 16 août 1666. Les séances devaient commencer le 25 septembre 1666 et être continuées dans les principales villes du ressort (Ménard : *Histoire de Nîmes*, t. VI p. 185).

(3) Dans la plainte de Pierre Pradier, il est dit que « le seigneur étant à cheval, lui avait donné un coup de bâton, un jour que lui Pradier était revêtu de sa robe consulaire ». Dans cette pièce, Louis est qualifié : « Louis de Guilhem, comte de Clermont, marquis de Saissac, baron de Castelnau, seigneur d'Espalion ». (Albisson : *Lois du Languedoc*, t. 1 p. 635). — Baudouin, dans son *Journal sur les*

« Vu le procès extraordinairement fait par MM. Clément de Long, de Gara et Jean de Burta, conseillers à la Cour et commissaires par elle députés au pays de Rouergue et de Gévaudan, à la requête du procureur général du Roi demandeur en excès, et requérant l'utilité de certains défauts et ajournements à trois brefs jours, d'une part; et Monsieur Louis de Guilhem de Castelnau, comte de Clermont-Lodève, prévenu, ajourné aux dits trois brefs jours, et défaillant d'autre. Dit a été que la cour a déclaré et déclare les défauts et ajournements à trois brefs jours avoir été bien et dûment obtenus. Pour le profit desquels a condamné ledit de Guilhem, comte de Clermont, au bannissement perpétuel hors du royaume, lui faisant défense de s'y trouver à peine de la vie. Déclare en outre ses biens acquis et confisqués au Roi, distraits la troisième partie d'iceux pour sa femme et ses enfants si point en a; et la somme de vingt mille livres d'amende à l'ordonnance de la cour et les dépens et frais de justice au profit de ceux qui les ont exposés. Si a ladite Cour ordonné et ordonne que le château de Calmont d'Olt sera démoli et rasé avec inhibition et défense de rebâtir icelui, à peine de désobéissance » (1).

Louis appella de cet arrêt à Louis XIV; il allégua qu'il n'avait pu comparaître et se défendre devant la Chambre des Grands Jours, parce qu'il étoit retenu à l'Assemblée des Etats de la Province. Le roi renvoya l'affaire devant le Parlement de

Grands Jours de Languedoc, dit à propos de cette affaire : « Le dernier arrêt que Messieurs (les juges commissaires des Grands Jours) ont rendu en matière criminelle, ç'a esté contre le comte de Clermont qui a esté condamné par défaut au bannissement perpétuel hors du royaume, ses biens acquis et confisqués au Roy et en vingt mil livres d'amende et que son château de Calmont de Rive d'Olt sera rasé, et ce, pour avoir donné des coups de baston à un consul, en pleine place, ayant son chapeau rouge, et pour avoir fait plusieurs concussions ».

(1) Affre : *Simples récits historiques sur Espalion* p. 160.

Toulouse (1) qui dut modifier l'arrêt de la Chambre des Grands Jours, car Louis continua à jouir de tous ses droits.

En 1670, Louis obtint l'érection de la terre de Saissac — marquisat depuis 1604 — en baronnie avec entrée aux Etats de Languedoc à la place de Couffolens. Le 1er janvier 1671, il vendit cette même baronnie au marquis de Saissac son frère (2).

Depuis long-temps Louis avoit voulu s'immiscer dans les élections consulaires. Le 29 juin 1680, les habitants de Clermont se réunirent, décidèrent de résister et votèrent un emprunt pour subvenir aux frais du procès à soutenir contre le seigneur. Le 7 octobre de la même année, celui-ci présenta une requête au Parlement de Grenoble tendant à ce que les douze électeurs nommés pour l'élection des consuls prêtassent serment devant lui ou son bailli, ce qui était contraire à la transaction de 1341. Le 1er novembre, les élections eurent lieu, mais les douze électeurs qui devoient élire les nouveaux consuls ne furent nommés que par un seul des consuls en exercice ; des deux autres, l'un étoit décrété d'accusation à la requête des habitants et le troisième retenu dans le château de Clermont.

Louis demanda au Parlement de Grenoble la cassation de l'élection. Par arrêt du 26 février 1681, la Cour cassa l'élection et décréta qu'une nouvelle élection serait faite devant un délégué de la Cour dans le délai de trois mois par tous les habitants qui avaient voix dans les assemblées consulaires, lesquels nommeraient douze électeurs ; ceux-ci éliraient les trois consuls.

Par un second arrêt du même Parlement rendu le 3 juillet

---

(1) Albisson : *ut suprà*.

(2) *Hist. de Languedoc*, t. XIII p. 23. — Le marquis de Saissac n'avait que le nom de la terre dont il portait la qualification.

1681, le seigneur fut débouté de sa demande de prestation de serment devant lui par les électeurs consulaires. Ceux-ci devraient prêter serment entre les mains des anciens consuls (1).

Malgré cet arrêt, Louis s'immisça dans les élections de 1682 et 1683 ; il fut condamné de ce chef par le Parlement à une amende de 3000 livres (2).

Louis testa le 21 mars 1691 ; il mourut dans son château de Venez au diocèse de Castres le 12 novembre 1692 (3).

Il avait épousé le 29 avril 1662 Anne Marguerite de Saint-Baussan, héritière de Margival (4).

Il n'y eut pas d'enfant de ce mariage.

LOUIS III.

Louis Guillem de Clermont et Castelnau, connu sous le nom de marquis de Saissac, succéda à son frère Louis en 1692.

En 1669 (5), il acquit la charge de maître de la garde-robe du roi, mais il reçut l'ordre de la vendre en 1671 (6) pour avoir été surpris trichant au jeu du roi. Il se retira en Languedoc, où depuis le 1er janvier 1671 il entrait aux Etats de la

(1) D'après l'article 1 de la transaction de 1341, les douze électeurs consulaires ne prêtaient aucun serment. Mais il avait été dérogé depuis longtemps à cet article; depuis l'an 1559 au moins, les électeurs prêtaient serment entre les mains des consuls sortants. (Avertissement pour les Consuls, etc. de Clermont).
(2) Durand p. 228.
(3) Archives de Clermont : Séance du Conseil communal du 2 décembre 1692.
(4) De Barrau, t. 1 p. 545.
(5) *Lettres de Madame de Sévigné* (édition Regnier), t. II p. 113, note.
(6) Mme de Sévigné : Lettre du 18 mars 1671.

Province en qualité de baron de Saissac (1). Il passa peu après en Angleterre ; en 1673 (2), lors des négociations du roi Charles II pour amener la paix avec les Provinces-Unies, le duc de Buckingham opposé à cette paix qui ruinait l'alliance avec la France, envoya Saissac à Louis XIV pour lui proposer les moyens de faire échouer les desseins du ministère Anglais. Saissac vint à Paris (3) et quoique le projet pour lequel il était envoyé n'eût pas réussi, il obtint la révocation de son exil.

En 1674 (4), il vendit la baronnie de Saissac, c'est-à-dire l'entrée aux Etats à M. d'Alzau, qui obtint de la faire transférer sur la terre de Pezenes et en obtint l'érection en baronnie des Etats sous le titre de Voisins, le 17 novembre 1674.

Saissac compromis dans l'affaire des poisons quitta la France en 1680 (5) ; il ne rentra que dix ans après pour purger sa contumace. Mis à la Bastille en attendant son jugement, il fut remis en liberté le 25 juillet 1692 (6).

La mort de Louis, comte de Clermont, son frère, survenue la même année, le mit en possession d'une riche succession. Saissac assista, en qualité de baron de Clermont, aux Etats de la Province tenus à Montpellier en 1695 (7). En 1701, il fut député à la Cour par ces mêmes Etats pour offrir au roi le don gratuit et le cahier des doléances (8).

Saissac mourut à Paris le 25 avril 1705 (9). Il avoit épousé

(1) *Hist. de Languedoc*, t. XIII p. 23.

(2) Mignet : *Négociations relatives à la succession d'Espagne*, t. IV pp. 238 et 254.

(3) Mme de Sévigné : Lettre du 12 janvier 1674.

(4) *Hist. de Languedoc*, t. XIII p. 24.

(5) Mme de Sévigné : Lettre du 31 janvier 1680.

(6) *Lettres de Madame de Sévigné*, t. VI p. 229, note.

(7) Durand : *Histoire de la ville de Clermont-l'Hérault*, p. 235.

(8) L. de La Roque : *Armorial de la Noblesse de Languedoc*, t. II p. 219 (Bibliothèque nationale, Procès verbaux manuscrits).

(9) Saint-Simon, *Mémoires*, t. III p. 167. — Expilly, *Dictionnaire géographique*, article *Saissac*.

le 16 mars 1698 (1). Jeanne-Thérèse-Pélagie d'Albert, fille de Louis-Charles d'Albert duc de Luynes et de Anne de Rohan Montbazon.

De ce mariage :

CONSTANCE, seigneur de Clermont après son père.

CONSTANCE.

Constance, né le 15 mai 1699 fut appelé en naissant, le marquis de Saissac (2). Il succéda à son père en 1705 sous la tutelle de sa mère Jeanne-Pélagie de Luynes et mourut au mois de juillet 1715, n'étant âgé que de 16 ans. Il fut le dernier de sa maison.

Sa mère, héritière de tous les biens de la maison de Clermont vendit, le 20 septembre 1719 à Louis de Lordat, baron de Bram, le droit d'entrée aux Etats de Languedoc qui étoit sur la terre de Clermont. Lordat la fit transférer sur Bram par lettres-patentes d'octobre de la même année (3).

Elle vendit peu après le comté de Clermont à Guillaume Castanier d'Auriac, premier président au Grand Conseil, dont la fille épousa le marquis de Poulpry lieutenant-général des armées du roi (4).

(1) *Histoire des Grands Officiers de la Couronne* t. II p. 1494. — Duc de Luynes, *Mémoires* t. XIV p. 281, note, mais qui n'est pas du duc de Luynes.

(2) Archives de la Ville de Clermont : Séance du Conseil communal du 30 juin 1699 : Il est donné lecture d'une lettre écrite par ordre du comte de Clermont disant que la comtesse a accouché le 15 mai 1699 d'un fils qui est appelé le marquis de Saissac.

(3) Gaucelin de la Tour : Ces lettres furent enregistrées au Parlement de Toulouse le 26 mars 1721, au sénéchal de Lauraguais le 23 avril 1721 et à la Chambre des Comptes de Montpellier le 24 septembre 1722.

(4) La marquise de Poulpry fut dame de Clermont après son père. Elle émigra et la terre de Clermont fut saisie sur sa tête. Elle mourut en 1814.

Madame de Saissac mourut à Paris le 14 janvier 1756 ; (1) de son vivant, elle avoit donné les terres de la maison de Clermont à son frère cadet Louis-Joseph d'Albert, prince de Grimberghen et du Saint-Empire, qui les donna à son gendre le duc de Chevreuse fils du duc de Luynes, l'auteur des Mémoires (2). Madame de Saissac, par son testament, fit le duc de Chevreuse son héritier universel (3).

(1) *Mémoires du duc de Luynes*, t. xiv p. 381.
(2) *Ibid.*, t. xii p. 366.
(3) *Ibid.*, t. xiv p. 381.

LES BRANCHES COLLATÉRALES DES

GUILLEM.

LES SEIGNEURS DE LACOSTE ET DE CEYRAS.

AYMERI de Clermont, qui vivait en 1270, est le premier seigneur de Lacoste. Il était fils d'autre Aymeri, fils d'Aymeri II, seigneur de Clermont. En 1270, il rendit hommage à Raymond Astolphe, évêque de Lodève, pour Lacoste et ce qu'il avait dans les lieux de Leneyrac, le tenement de l'Averne, Saint-Guiraud, Saint-Félix-de-Anizas (Saint-Félix-de-Lodez), Jonquières, Saint-Privat et dans Ceyras (1). On voit par là qu'Aymeri n'avait qu'une partie de Ceyras ; la terre appartenait à cette époque au seigneur de Clermont, car, en 1270, le sénéchal de Carcassonne décida que Bérenger (III), seigneur de Clermont, devait rendre hommage à l'évêque pour Clermont et ses dépendances, excepté Ceyras (2).

Peu après, les seigneurs de Clermont vendirent sans doute Ceyras aux seigneurs de Lacoste, car on ne les trouve plus nommés en qualité de seigneurs de Ceyras dans les hommages rendus aux évêques de Lodève. En 1285, Aymeri de Clermont, seigneur de Lacoste, (3) échangea avec Bérenger de Boussagues, évêque de Lodève, les leudes et les autres redevances dont Aymeri s'était emparé dans la manse de Margaussas, au tenement de Saint-Félix-de-Lodez, avec une maison que l'évêque possédait dans la ville de Béziers. La même année, il lui rendit hommage pour Lacoste et Lineyrac (4).

(1) Plantavit, p. 209.
(2) *Ibid.*, p. 211.
(3) Et non seigneur de Clermont, ainsi que le dit Plantavit p. 237.
(4) Plantavit, p. 238.

En 1296, Aymeri ayant refusé de rendre hommage pour Ceyras à l'évêque Gaucelin de la Garde, le roi Philippe IV manda au sénéchal de Carcassonne de l'y obliger (1).

Aymeri de Clermont, seigneur de Ceyras, figura dans l'Assemblée tenue en 1304 pour accorder au roi Philippe-le-Bel des subsides pour la guerre de Flandres. Les nobles furent taxés suivant leur revenu ; Aymeri déclara que le sien s'élevait à 500 livres (2).

En 1306, Aymeri ayant refusé de rendre hommage à l'évêque Dieudonné de Boussagues, le roi Philippe-le-Bel manda au sénéchal de Carcassonne de l'y contraindre (3), Cet ordre ne fut sans doute pas obéi, car quelques années après, Aymeri rendit hommage au Roi. L'évêque en appela à la cour du Roi, et Philippe V écrivit en 1319 au sénéchal de voir si l'hommage que Aymeri de Clermont lui avait rendu était préjudiciable aux droits de l'évêque (4).

Après Aymeri, on trouve ROSTAING de Clermont, seigneur de Lacoste et de Ceyras. Sa fille Marguerite ou Marie épousa, le 13 août 1344, Raymond de Lauzières (5). Elle lui apporta en dot les terres de Lacoste et de Ceyras (6).

Ceyras resta dans la maison de Lauzières ; Lacoste en était sortie au XVIᵉ siècle. Le 7 mai 1538, elle fut achetée d'un

(1) Plantavit, p. 249.

(2) *Histoire de Languedoc*, t. IX, p. 268.

(3) Plantavit, p. 259. — Ce refus d'hommage et celui de 1296 pourraient faire croire que cet Aymeri n'était pas le même que celui qui se reconnut vassal de Bérenger de Boussagues en 1285. Peut-être était-il fils du précédent.

(4) *Ibid.*, p. 279.

(5) P. Anselme. *Histoire des Grands Officiers*, t. VII p. 414.

(6) On trouve à la même époque Jean de Clermont de St-Jean de Lacoste, damoiseau, qui figure en 1346 comme témoin dans divers actes de la transaction passée entre Bérenger de Guillem, seigneur de Clermont, et les habitants de cette ville (Transaction pp. 111 et 129). Il n'était pas seigneur de Lacoste, mais seulement de la branche de Clermont qui avait possédé cette terre.

conseiller au Parlement de Toulouse par Marguerite de la Tour-Turenne, veuve de Pierre, seigneur de Clermont (1), qui la vendit peu après, le 24 février 1541 (Honnorat Jehan, notaire à Avignon), au prix de 1,000 livres tournois, à Nicolas de Saptes (2). En 1631, la terre était rentrée dans la maison de Lauzières ; à cette date, la seigneurie haute, moyenne et basse appartenait à François de Lauzières, seigneur de Saint-Guiraud (3).

Lacoste fut érigée en baronnie sous le nom de Montégut, par lettres patentes de Louis XIV, du mois de novembre 1647 ; la nouvelle baronnie comprenait Lacoste, Pradines, Laulo et le Mas Audran. Elle fut vendue par décret du Parlement de Toulouse et acquise, le 27 juillet 1730, par N. de la Serre, dont le fils Louis-César de la Serre la vendit, le 24 avril 1747, au prix de 14.900 livres à Guillaume Castanier d'Auriac, comte de Clermont. (Michel Alazard, notaire à Clermont).

(1) D'Hozier, t. III. Article Carrion-Nisas p. 2.

(2) Cette vente est rappelée dans un acte du 22 novembre 1542 (Belmontet, notaire à Lodève) dans lequel figure noble Nicolas de Sapte, seigneur de St-Jean de Lacoste et citoyen d'Avignon. — Néanmoins, d'après d'Hozier — *ut suprà* — la vente aurait été faite le 11 avril 1559 par Marguerite de la Tour, de concert avec son fils François de Clermont, seigneur de Lombez, à N. de Carrion-Nisas. L'acte reçu par Belmontet nous paraît si probant, que nous croyons que les Carrion-Nisas n'ont été seigneurs de Lacoste qu'après les Saptes.

(3) Visite pastorale de Plantavit de la Pause.

LES SEIGNEURS

DE GIGNAC, DE CAUX ET DE BELARGA.

Gignac, Caux et Belarga ont appartenu, tantôt simultanément, tantôt séparément, à une branche de la famille de Clermont issue d'Aymeri II, seigneur de Clermont.

En 1209, Aymeri II acheta Gignac confisqué sur le comte de Toulouse, Raymond VI (1). Cinquante ans environ après cette époque, une partie de la seigneurie de Gignac appartenait aux évêques de Montpellier et l'autre partie à PIERRE et à AYMERY de Clermont, que nous croyons les petits-fils d'Aymeri II. En 1263, Pierre IV de Salvanatalium, évêque de Montpellier, fit un arrangement avec les deux frères au sujet du litige qui s'était élevé entr'eux pour la juridiction de Gignac (2).

Au commencement du XIVe siècle, Gignac, Caux et Belarga sont réunis dans cette branche de la famille de Clermont.

En 1301, PIERRE de Clermont, chevalier, fils du précédent, était seigneur justicier de Caux, en pareage avec le roi de France (3). En 1304, lors de la réunion des nobles de la sénéchaussée de Carcassonne qui eut lieu pour accorder les subsides à Philippe-le-Bel et où chacun fut taxé selon son revenu, Pierre déclara que son revenu s'élevait à quatre cents livres (4).

---

(1) Julien, p. 205.
(2) *Gallia Christiana*, t. VI. c. 845.
(3) Beugnot : *Les Olim*, t. II p. 457 § X.
(4) *Hist. de Languedoc*, t. IX p. 268. — C'est à tort que l'*Histoire de Languedoc* donne à Pierre la qualification de seigneur de Clermont.

En 1306, Pierre et son fils Bérenger Guillem ayant outragé
en paroles le cardinal Bérenger du titre des saints Nerée et
Achille, Raymond Gaucelin, seigneur d'Uzès, neveu du
Cardinal, cita le père et le fils devant la cour du Roi, pour
être autorisé à les appeler en duel « *in gagio duelli* ». Informations faites, le Roi fit comparaître les parties à sa cour,
annula le gage du duel et ordonna que la paix fût rétablie
entre elles ; en signe de quoi Pierre et Bérenger de Clermont
baisèrent la main droite du cardinal. Ils furent, en outre,
condamnés à l'amende envers le cardinal, amende dont la
fixation fut attribuée par le roi et les parties au jugement du
cardinal Etienne au titre de saint Ciriac aux Termes et de
l'archevêque de Narbonne (1).

En 1310, Pierre ayant tenté de faire violence à une jeune
fille noble de Puylacher, nommée Fize, le sénéchal de Carcassonne le condamna à payer 500 livres tournois au roi,
100 livres à Fize et prononça la confiscation de son château
de Belarga. Pierre en appela au roi. La Cour du roi confirma
le jugement du sénéchal et décida que Pierre ayant abusé de
son autorité, son château de Belarga et ses autres terres
seraient mis entre les mains du roi jusqu'au paiement des
sommes qu'il avait été condamné à payer au roi et à Fize (2).

(1) Beugnot : *Les Olim* t. II p. 485 § VI.
(2) *Ibid.* t. III p. 505 § I. — Cùm significatum fuisset senecallo Carcassonensi,
contrà Petrum de Claromonte, militem, quod idem miles Fizam, domicellam, de
Podio-Latercio, mandatam, per ipsum militem, adipsius militis domum castri de
Belesgario, nisus fuerat carnaliter cognoscere, eamque, hoc pati nolentem, ligatam
per manus, duci fecerat adipsius militis castrum de Belesgario, et poni fecerat in
carcere arto et vili, et per tres dies tenuerat ibidem, ipsamque de dicto carcere
extractam, expulsa tota familia ejusdem militis, et janua clausa, rogasset quod se
carnaliter cognosci permitteret ab eodem, promittens sibi dari bladum, vestes et
maritum, ipsamque, hoc pati nolentem, ligatam per medium corporis, ad quandam
trabem traxisset, positis cabaciis plenis lapidibus ad pedes et manus dicte
domicelle, et eam pendentem sic tenuisset, absque causa racionabili et persona

Le même jour, la cour du roi rendit deux autres arrêts contre Pierre de Clermont.

Le premier nous apprend que Pierre ayant commis divers excès envers Jean-Raymond de Caux, lieutenant du bailli du roi à Caux (on a vu ci-dessus que le roi était co-seigneur de Caux), le sénéchal de Carcassonne le condamna à payer 1,000 livres tournois d'amende, Sur l'appel du seigneur, la cour du roi Philippe IV confirma la sentence du sénéchal (1).

Par le second arrêt, on voit que la seigneurie de Gignac appartenait au roi, à Pierre de Clermont et à d'autres seigneurs. Un jour que le précon de Gignac préconisait de la part du roi et des autres co-seigneurs que nul ne portât des armes, sous peine de cinq sous d'amende, Pierre de Clermont le frappa à la figure *(subtùs gulam)* sous prétexte que le précon mentionnait son nom contre sa volonté. Le sénéchal le condamna à 200 livres d'amende. Sur l'appel de Pierre, la cour du roi cassa le jugement pour divers défauts dans l'instruction de l'affaire et renvoya la cause devant le sénéchal (2).

BÉRENGER de Guillem, fils de Pierre, fut seigneur de Belarga et de Caux (3). Nous l'avons vu figurer avec son père dans l'affaire du cardinal Bérenger.

Il eut un fils, nommé également BÉRENGER, qui vendit sa part de la seigneurie de Caux à Bérenger de Guillem, seigneur de Clermont ; ce dernier est qualifié de co-seigneur de Caux en 1346 (4). Ce même Bérenger, damoiseau de Belarga, fut

publica non vocata, quousque sanguis exivit de corpore dicte domicelle, per os, nares, et alia loca, eamque induisset minis ad confitendum quod infantem habuerat, quod erat falsum. Factis igitur inquesta et processu super predictis contrà dictum militem, etc.

(1) Beugnot : *Les Olim*, t. III p. 506 § 2.
(2) *Ibid.*, t. III p. 507 § 3.
(3) Transaction p. 103.
(4) *Ibid., ibid.*

témoin de la transaction passée, en 1346, entre Bérenger de Guillem, seigneur de Clermont, et ses vassaux, pour le rétablissement du Consulat et de la confirmation qui en fut faite par Dardé de Guillem, chevalier, seigneur de Brusque, et Bérenger, son fils émancipé, frère et neveu du seigneur de Clermont, et Raymond de Guillem, chevalier, frère aussi du même seigneur (1).

Bérenger est le dernier seigneur de Belarga, de la famille de Clermont, dont on trouve le nom. Vers la fin du XIVe siècle, en 1382, le seigneur de Belarga est Hugues d'Arpajon, vicomte de Lautrec (2).

---

(1) Transaction pp. 104, 120, 129. — D'après Julien (p. 287) Bérenger seigneur de Clermont, père de celui qui transigea en 1346, eut, entr'autres fils : Raymond, seigneur de Caux, et Bérenger, seigneur de Belarga. Par ce qui précède, on voit que c'est Bérenger seigneur de Clermont qui fut co-seigneur de Caux. Quant au seigneur de Belarga, il était bien de la famille, mais non le fils du seigneur de Clermont.

(2) La Roque, *Armorial du Languedoc* : Généralité de Montpellier t. II p. 289, d'après les manuscrits de Dom Vaissette.

LES SEIGNEURS DE MALAVIELLE.

Au commencement du XIIIe siècle, Malavielle appartenait à divers seigneurs dont le dominant paraît être Amalric, comte de Narbonne.

En 1223, il donna à Pierre IV de Lodève, évêque de Lodève, tous les droits seigneuriaux qu'il avait sur Malavielle (1).

En 1226, Jean, seigneur de Malavielle, se reconnut vassal du chapitre de Lodève (2) et, en 1241, Jourdain de Malavielle rendit hommage à Guillaume de Cazouls, évêque de Lodève (3).

Saure, fille d'un des seigneurs de Malavielle, épousa PAUL de Clermont et lui apporta en dot une partie de la terre ; en 1247, Paul, au nom de Saure, rendit hommage à l'évêque Guillaume de Cazouls, pour tout ce que celle-ci avait de droit sur Malavielle (4). Paul, seigneur en partie de Malavielle, est sans doute le même qui, en 1271, transigea avec Raymond d'Astolphe, évêque de Lodève, sur la juridiction et la justice de Celles (5).

En 1330 PAUL de Clermont, co-seigneur de Malavielle, sans doute petit-fils du précédent, rendit hommage à Guil-

(1) Plantavit, p. 133.
(2) *Ibid.*, p. 139.
(3) *Ibid.*, p. 154.
(4) *Ibid.*, p.172.
(5) *Ibid.*, p. 212. — Nous n'avons pu déterminer d'une manière certaine le lien qui rattachait Paul à la famille des seigneurs de Clermont ; nous pensons qu'il était fils de Bérenger III seigneur de Clermont, car celui-ci en 1255 était seigneur de Celles.

laume de Fredol, évêque de Béziers, pour les leudes de Malavielle (1).

On trouve après lui Jourdain de Clermont qui fit son héritier Pierre le Noir (Nigri), seigneur de la Redorte au diocèse de Carcassonne, lequel prit le nom de Clermont (2).

Les fils de Pierre, Raymond et Jean de Clermont, *alias* Nigri, rendirent hommage au roi pour les lieux de la Redorte et de Blomac, le 5 mars 1417 (3). Jean fut seigneur de Malavielle et acquit, en outre, la seigneurie du Bosc (4).

L'un de ses fils, Jourdain de Clermont, dit le Noir, continua la branche des seigneurs de Malavielle ; il rendit hommage, en 1424, à Michel II, évêque de Lodève (5).

Un autre Jourdain de Clermont, seigneur de Malavielle, fils ou petit-fils du précédent, vendit le 5 mars 1495 à Pierre de Forez, seigneur de Carlencas, la manse du Bosc-Valhan. (Jean Noseris, notaire à Lodève).

Son fils, Louis de Clermont, seigneur de Malavielle, reprit de Philippe de Forez, seigneur de Carlencas, fils de Pierre de Forez, la manse du Bosc-Valhan et lui donna en échange la manse de Valos et autres terres — 21 janvier 1522 — (Boti, notaire à Lodève).

(1) *Gallia Christ.*, t. vi p. 347. — On voit par là que les évêques de Béziers avaient des droits sur la terre de Malavielle. — Les seigneurs de Faugères, de la maison de Narbonne, possédaient aussi une partie de la terre.

(2) Mahul : *Cartulaire de Carcassonne*, t. iv p. 310. — Voir *Ibid*. t. ii p.580 et la note xv de cet ouvrage.

(3) *Ibid.*, t. iv p. 308.

(4) Archives des Bouches-du-Rhône : Preuves de Malte de Pierre de Clermont du Bosc. — Il est fait mention dans ces Preuves d'un livre original de reconnaissances faites en faveur de noble Jean de Clermont, seigneur haut, moyen et bas des lieux du Bosc, Saint-Privat, Salelles, la Triballe, Saint-Martin, Malavielle et autres lieux par les habitants des dits lieux, de l'an 1419, retenues par Guilhermus Textoris notaire de Malavielle.

(5) Plantavit, p. 332.

Après lui, la partie de la terre de Malavielle qui appartenait aux Clermont-Nigri, passa dans la branche du Bosc.
Dans son testament fait en 1575, Louis de Clermont, seigneur
du Bosc, se qualifie seigneur de Malavielle. Les seigneurs du
Bosc furent seigneurs, en partie, de Malavielle jusqu'à
l'extinction de leur famille au XVIIIᵉ siècle.

LES SEIGNEURS DU BOSC.

La seigneurie du Bosc comprenait : le Bosc d'Avoiras (aujourd'hui le Bosc) où était situé le château centre de la seigneurie ; Loiras qui renfermait l'église paroissiale, sous le vocable de Saint-Pierre ; Saint-Martin-de-Urseyroles (aujourd'hui Saint-Martin-du-Bosc) ; Salléles, Saint-Frichoux, situés sur la rive gauche de la Lergue, et Lolo sur la rive droite,

Dans la seconde partie du XIII° siècle, la seigneurie du Bosc était partagée entre les maisons de Montpeyroux et de Vailhauquez ; le sept des ides de février 1272, (7 février 1273 n. s.) Raymond de Montpeyroux et Pons de Vailhauquez, seigneurs du Bosc, font des échanges de terres avec Raymond d'Astolphe, évêque de Lodève (1).

A la fin du XIV° siècle, les Vailhauquez étaient encore seigneurs du Bosc ; il existe aux archives de la commune du Bosc une lettre de 1390 adressée par le viguier royal de Gignac à Bertrand de Vailhauquez, lui intimant de mettre en état de défense le château du Bosc à cause des incursions que faisaient les routiers dans la Province.

Après le commencement du XV° siècle, le Bosc appartient aux Clermont-Nigri. En 1419, JEAN de Clermont, seigneur de Malavielle, est en même temps seigneur du Bosc (2).

En 1479, AMALRIC de Clermont, *alias* Nigri, sans doute petit-fils du précédent, est seigneur du Bosc. A la date du

(1) Plantavit, p. 213.
(2) Voir la note page 85.

23 octobre 1479, il confirme un achat de terre fait par un habitant du Bosc; il y est dénommé : « *Nobilis Amalricus de Claromonte* alias *Nigri dominus de Bosco* » (1).

En 1480, il est l'un des arbitres du différend survenu entre Arnaud de Jessé, habitant de Clermont, et l'abbesse des Bénédictines de Gorjan, au sujet de l'eau du ruisseau de Ronel (2).

Amalric vivait encore en 1507 ; dans un acte du 25 mai de cette année, il est qualifié : « *Nobilis scutiffer Amalricus de Claromonte dominus solus et in solis loci de Bosco Avoyracii* » (3).

Il fonda la chapelle de Saint-Blaise dans l'église de Merifons (4).

Il avait épousé Marguerite de Vissec (5) dont il eut :

SICARD, seigneur du Bosc en 1509. Le 26 mars 1509, il donna en nouvel acapte à André Adhemar, prêtre du lieu de Saint-Martin-d'Urseyroles, une pièce de terre, sous l'usage d'une *galline*, payable à la fête de saint André (6).

Le 9 avril 1510, il fut témoin du mariage de noble N. Palhan, fils de N. Palhan du lieu de Roujan, et de noble Marie du Puy, fille de feu noble Adhemar du Puy, seigneur du Puy d'Aubaigues et de noble N. Maurelle (7).

(1) Jacqueri, notaire à Lodève.
(2) *Livre archivial des Récollets de Clermont.*
(3) Jean de Noseris, notaire à Lodève.
(4) Plantavit : *Visite pastorale en 1631.* — Cette église, sous le vocable de Saint-Pierre, est aujourd'hui délabrée et abandonnée. A la clef de voûte est un écusson qui porte : parti au 1, un personnage debout, nimbé, le bras droit levé (nous ignorons à quelle famille appartiennent ces armes) ; au 2, on distingue les fasces et les hermines des Clermont.
(5) Le nom de la femme d'Amalric de Clermont nous est donné par l'acte de fondation d'une chapelle dans l'église du Bosc par Sicard de Clermont son fils. — Pièce n° XII.
(6) Vidrinis, notaire à Lodève. — Lors de la réception de cet acte, Sicard était depuis peu de temps sans doute seigneur du Bosc, car Vidrinis avait écrit : Amalric seigneur du Bosc. Le mot Amalric fut effacé et remplacé par Sicard.
(7) Vidrinis, notaire à Lodève.

Le dernier février 1510 (1511 n. s.), il transigea au sujet de certains droits avec le chapitre de Lodève (1).

Le 27 mars 1512, il fonda la chapelle de la Vierge dans l'église du Saint-Sépulcre du Bosc (2).

Le 1er février 1518 (1519 n. s.), il reconnut une lauzime à Jean de Montfaucon, seigneur de Vissec (3).

Après lui, FULCRAND de Clermont est seigneur du Bosc et de Magalas (4). Le 17 décembre 1521, le sénéchal de Carcassonne rendit une ordonnance contenant la main-levée des fiefs du Bosc et de Magalas au profit de Fulcrand, qui avait satisfait au mandement qu'il avait eu en l'assemblée du ban et de l'arrière-ban convoqués de l'ordre de Sa Majesté (5). En 1529, il comparut à la montre du ban et de l'arrière-ban de la noblesse de la sénéchaussée de Carcassonne (6). Il avait épousé Claire de la Coste dont il eut :

Louis qui suit.

Claire de la Coste, étant veuve, rendit hommage au roi, le 23 février 1539, comme tutrice de son fils Louis, pour les seigneuries du Bosc et de Loiras avec justice haute, moyenne, basse, fiefs, arrière-fiefs, etc., tant desdits lieux que de Saint-Jean de la Blaquière, Fozières et autres lieux.

LOUIS de Clermont, seigneur du Bosc, de Loiras et de Malavielle épousa, par contrat du 12 mars 1547, (Jean Pegurier

---

(1) Vidrinis, notaire à Lodève. — Dans cet acte, il est fait mention d'un achat fait lorsque Armand de Valhauquez (de Valhauquesio) était seigneur du Bosc.

(2) *Ibid.* — Voir l'acte de fondation Pièce n° XII.

(3) *Ibid.* — C'est le dernier acte que nous ayons trouvé faisant mention de Sicard de Clermont. — Voir la note XV.

(4) *Archives des Bouches-du-Rhône :* Ordre de Malte, Prieuré de Saint-Gilles : Preuves de Malte de noble Pierre de Clermont du Boqs, 1682. — La filiation des seigneurs du Bosc depuis Fulcrand jusqu'en 1682 est donnée d'après les Preuves de Malte de Pierre de Clermont.

(5) *Ibid.*

(6) *Hist. de Languedoc*, t. XII. Preuves, c. 480.

notaire de Cahors) Anne de Gouzon, fille de Louis de Gouzon, seigneur de Chonac et de Jeanne de Coulon. Il eut de son mariage :

1. François qui suit.
2. Claude de Clermont, substitué à son frère aîné François si celui-ci décède sans enfant légitime.
3. Jeanne mariée par contrat du 7 décembre 1576 (1) à Fulcrand Berenguier, seigneur de Montmaton, chevalier de l'Ordre de Saint-Michel.
4. 5. 6. 7. Anne, Toinette, autre Jeanne, Louise.

Louis testa, étant déjà veuf, le 1er juin 1575 (François Anastaix notaire d'Avignon); il institua son héritier universel son fils aîné François et légua mille écus d'or à son fils Claude et à chacune de ses filles.

FRANÇOIS de Clermont seigneur du Bosc, Saint-Privat, Malavielle, épousa, par contrat du 17 mars 1592, (Mathieu Vezian notaire de Ceyras) Claire de Themines, fille de feu messire Jean de Themines (Lauzières) seigneur dudit lieu, Ceyras, Lauzières, Gourdon, chevalier de l'Ordre du Roi, et de Anne de Puymisson (2). De ce mariage :

Pons de Clermont, qualifié vicomte du Bosc dans son contrat de mariage, en date du 8 décembre 1615, avec Delphine de Montfaulcon (3). Pons figure parmi les principaux

(1) De Barrau, t. II p. 622.
(2) Claire était la sœur de Pons de Lauzières, marquis de Themines, maréchal de France.
(3) L'an mil six cent quinze et le huitième jour de décembre au château de Vissec, diocèse de Nîmes ; contrat de mariage de noble Pons de Clermont, vicomte du Bosc; diocèse de Lodève, fils de noble François de Clermont seigneur dudit lieu du Bosc, et de demoiselle Claire de Themines ; ledit seigneur du Bosc père présent et consentant d'une part. Et demoiselle Delphine de Montfaulcon, fille à noble Fulcrand de Montfaulcon seigneur de Vissec et de Claux, baron d'Hierle, gentilhomme ordinaire de la Chambre du Roi, et de dame Anne de Brancas, présente, d'autre part. —Le seigneur de Vissec constitue en dot à sa fille 20,000 livres tournois.—Babot, notaire de Lodève.

seigneurs qui parurent dans les fêtes données à Toulouse au duc de Montmorency, gouverneur de Languedoc, au mois de février 1619 (1). Il fut tué en 1621 au siège de Montauban dans les rangs de l'armée royaliste (2). De son mariage :

1. Gaspard qui suit :

2. Henry ; à l'âge de dix ans, il fut pourvu en commende, sur la nomination du roi et bulle du pape avec dispense d'âge, du prieuré de Saint-Michel de Gramont, près Lodève (3). Sa grand'mère, Claire de Themines, lui laissa par son testament en date du 21 mars 1622, (Mathieu Vezian notaire de Ceyras) 12.000 livres. Le 26 janvier 1642, il fit un accord avec son frère Gaspard, seigneur du Bosc, au sujet du legs qui lui avait été fait par leur grand'mère, et d'un autre legs de 3.000 livres à lui fait par leur frère Pons (4). Le 27 janvier de la même année, il résigna à François Raynard, religieux de Gramont, le prieuré conventuel de Saint-Michel de Gramont dont il était prieur commendataire (5). Henri mourut le 7 juillet 1644 (6). Il avait épousé Diane de la Treille dont il eut :

Jean Arnaud de Clermont, né le 23 novembre 1643 (7), marié le 1er mai 1680 à Dauphine de Patoullat, fille de François de Patoullat et de Jeanne de Julien (8). Il mourut le 1er août 1711 (9).

(1) *Hist. de Lang.*, t. XI p. 932.
(2) *Ibid.* p. 951. — Quoique Pons ait porté le titre de vicomte du Bosc, il ne fut pas seigneur du Bosc, étant mort avant son père.
(3) Visite pastorale de Plantavit de la Pause.
(4) Acte reçu par Seguret, notaire à Saint-Jean-de-la-Blaquière.
(5) Jean Seguret, notaire à Saint-Jean-de-la-Blaquière.
(6) Pièce XIII § I.
(7) Pièce XIII § IV A.
(8) Pièce XIII § IV B.
(9) Pièce XIII § IV C.

3. Pons. Sa grand'mère Claire de Themines lui avait légué
   12.000 livres. Il mourut avant 1642 faisant héritier
   son frère Henri.

4. Anne, mariée le 29 septembre 1642 (1) à Gabriel de la
   Treille, seigneur de Fozières. Son grand-père François
   de Clermont lui légua 1.200 livres et sa grand'mère
   12.000 livres. Elle mourut au mois de mars 1649 (2).

GASPARD de Clermont, dénommé le vicomte de Gibret
jusqu'à la mort de son grand-père ; il fut alors qualifié vicomte
et seigneur du Bosc, Saint-Privat, Malavielle. Il épousa par
contrat du 20 novembre 1636 (Antoine Causse, notaire de
Viol, le contrat insinué à la Cour Royale de Gignac et à celle
du sénéchal de Beziers les 26 décembre 1636 et 17 mars 1637)
Jaquette de Roquefeuil, fille de messire Fulcrand de Roquefeuil, vicomte de la Rodde, seigneur et baron de Londres,
et de dame Marguerite d'Aguilhon. Gaspard, vicomte du
Bosc, vivait encore en 1682. De son mariage :

1. Fulcrand, né le 14 mars 1638 (3) qui suit.
2. Gabriel de Clermont, né le 20 juillet 1643.
3. Louis de Clermont, né le 30 septembre 1644, reçu chevalier de Malte au mois de novembre 1667. Il était prieur du
   prieuré conventuel de Saint-Michel de Gramont. En vertu
   d'un jugement rendu par le cardinal Pierre de Bonzi, arche-

---

(1) Marquis d'Aubaïs : *Pièces fugitives,* t. II p. 185 : Jugements sur la noblesse
de Languedoc de M. de Bezons.

(2) Pièce XIII § v.

(3) Pièce XIII § II A. B. C. D. : Actes de baptême de Fulcrand et de ses frères. —
La Roque : *Armorial de Languedoc,* t. II p. 284, insère un catalogue des gentilshommes de Languedoc en 1675 d'après un manuscrit déposé aux Archives du
département de l'Hérault. On y voit figurer : « Clermont de Lodève (Gaspard de)
vicomte du Bosc; *François* son fils ; Jean Arnaud de Clermont son neveu ». —
Il faut lire : *Fulcrand* son fils.

vêque de Narbonne, il fut obligé de recevoir la visite de l'évêque de Lodève dans le susdit prieuré (1).

4. Pierre de Clermont, né le 15 mars 1647, reçu chevalier de Malte en 1682. Il fut pourvu du prieuré de Cornus en Rouergue, dépendant de l'Ordre de Malte. Il mourut le 21 février 1728 (2).

FULCRAND de Guillem de Clermont, vicomte du Bosc, seigneur de Salelles et de Saint-Privat, épousa le 16 mars 1666, Charlotte de Calvière, fille unique de Marc de Calvière, baron de Confoulens et d'Haute-Rive, baron des États de Languedoc, et de Madelaine de Cayres d'Entraigues d'Haut-poul (3). De ce mariage :

1. Philippe Joseph qui suit.

2. Marie de Guillem de Clermont, mariée par contrat du 26 mars 1690 à Jean Alexandre de Toulouse-Lautrec, de la branche de Montfa, lieutenant-colonel du 1er régiment des dragons de Languedoc, (4) tué à l'armée d'Italie en 1705 (5). Marie vivait encore en octobre 1725 (6).

3. Jacquette de Guillem de Clermont du Bosc mariée (7) à Alexandre de Percin seigneur de Montgaillard, de la ville de Toulouse.

PHILIPPE JOSEPH de Guillem de Clermont, seigneur et mar-

---

(1) Note ajoutée à la relation de la visite pastorale de Plantavit de la Pause, à une date postérieure à cette visite.

(2) Pièce XIII § III.

(3) Pithon-Curt, t. IV p. 422. — P. Anselme : *Histoire des Grands Officiers*, t. II p. 370.

(4) P. Anselme : *Histoire des Grands Officiers*, t. II p. 370.

(5) Saint-Simon : *Mémoires*, t. III p. 147.

(6) P. Anselme : *Histoire des Grands Officiers*, t. II p. 370.

(7) D'après le P. Anselme, t. II p. 373, le mariage de Jacquette aurait eu lieu le 14 décembre 1716. Suivant Pithon-Curt, t. II p. 226, elle aurait été mariée avant 1700.

quis du Bosc, seigneur d'Hauterive, marié le 27 juin 1712 (1)
à Elisabeth de Banque, fille de Pierre de Banque seigneur
de la Greze et de Mondragon, baron de. Cesteirols, trésorier
de France à Toulouse, et de Charlotte de Montesquiou de
Faget. De ce mariage :

Charlotte Isabeau de Guillem de Clermont du Bosc née le
20 mai 1718 (2). En elle finit la famille Clermont du Bosc
(3).

(1) P. Anselme, t. vii p. 282.
(2) Pièce XIII § VI.
(3) Voir la note xv.

LES GUILLEM DU COMTAT. (1)

Raymond de Guillem, troisième fils de Bérenger IV de Guillem seigneur de Clermont, est le chef de la branche des Guillem établie au Comtat. Il épousa Laure de Vernon dont il eut :

Bertrand, qui suit.

Il testa le 10 mars 1363 (Guillaume Auriol, notaire à Mourmoiron) instituant pour héritier universel son fils Bertrand. Dans ce testament il se qualifie : « Noble Raymond de Guillem *alias* de Clermont, Chevalier, habitant à présent de Mourmoiron, ci-devant recteur du présent pays du Comtat pour N. S. P. le Pape, fils légitime et naturel de noble Bérenger Guillem, seigneur de Clermont ».

Bertrand de Guillem, chevalier, marié à noble Guillemette Rogier, dont :

Bertrand qui suit.

Il testa en 1412 (Raymond Reynaud, notaire à Mourmoiron) instituant pour son héritier son fils Bertrand.

Bertrand de Guillem, habitant de Mourmoiron, épousa noble Guilhomette Rogidon. Il en eut trois fils :

1. Jacques qui suit.
2. Pierre de Guillem, chevalier de St-Jean de Jérusalem.

(1) Archives des Bouches-du-Rhône : Fonds de Malte, Grand-Prieuré de Saint-Gilles : Preuves de Malte — en 1723 — de Gaëtan-Xavier de Guillem de Pascallis — Dossier 225. — Ces Preuves donnent la filiation depuis Raymond de Guillem, chef de la branche ; tous les titres : contrats de mariage et testaments furent fournis en original par Gaëtan-Xavier aux commissaires chargés de la vérification de ses Preuves.

3. Bérenger de Guillem, chevalier de St-Jean de Jérusalem·

Il testa le 11 mars 1443 (de Fonte, notaire à Mourmoiron), instituant Jacques son héritier universel et léguant 200 écus d'or à chacun de ses autres fils.

JACQUES de Guillem de Clermont (1) épousa par contrat du 12 août 1483 (Raymond de Fonte notaire à Mourmoiron) noble Luce de Podio. De ce mariage :

Pascal qui suit.

Il testa le 20 août 1487, instituant Pascal son héritier universel. (Raymond de Fonte notaire à Mourmoiron).

PASCAL de Guillem, habitant de Carpentras, épousa par contrat du 9 juin 1519 (Antoine Guillini, notaire à Mourmoiron) noble Gabrielle Pascal, fille de noble Antoine Pascal de Mazan et de noble Blanche Audibert, dont :

FOUQUET de Guillem, sieur de Pascalis (2), écuyer, qui, par contrat du 3 septembre 1590 (Claude Gaufredy, notaire à Avignon) épousa Alexandrine de Guérin.

Il en eut :

Gaspard qui suit.

Il testa le 21 décembre 1614, instituant Gaspard son héritier universel.

GASPARD de Guillem de Pascalis épousa, par contrat du 16 décembre 1614, (Jacques Piscis notaire au Crest) Gabrielle d'Urre, fille de noble Jean d'Urre, seigneur de Brette, et de dame Françoise de Morges. De ce mariage :

1. André qui suit.
2. Jean Jacques.
3. Un troisième fils.

Il testa le 22 septembre 1628; (Pierre de Sales, notaire à

(1) Il est ainsi qualifié dans le contrat de mariage de son fils Pascal, en 1519.
(2) Ainsi qualifié dans son testament du 21 décembre 1614.

Mazan) dans son testament, il se qualifie seigneur de Sainte-Croix. Il substitue ses biens à son troisième fils, pour le cas où son fils Jean Jacques serait chevalier de Malte.

ANDRÉ de Guillem de Pascalis, seigneur de Sainte-Croix, écuyer, épousa, par contrat du 14 juillet 1657, (Félix Gay notaire à Avignon) Catherine de Gilles de Ribes. De ce mariage :

Louis de Guillem de Pascalis, chevalier, seigneur de Sainte-Croix, marié, par contrat du 26 mars 1700, (François Salvator, notaire à Sarrians) à Marguerite de Raymond de Modène, fille de Jean Gabriel de Raymond-Mourmoiron, chevalier, comte de Modène, et de Marie-Antoinette de Rolland de Relhanette, d'Avignon. Il fut confirmé dans sa noblesse par ordonnance de Mr de Lamoignon de Basville, intendant de Languedoc, rendue à Montpellier le 16 septembre 1699. De son mariage :

1. JEAN-LOUIS-JOSEPH-ANTOINE de Guillem de Sainte-Croix, seigneur de Laval, marié à Marthe-Françoise de Flotte-Montauban de la Roche, dont un fils :

Guillaume-Emmanuel-Joseph qui suit.

2. Gaëtan-Xavier de Guillem de Pascalis, dit le chevalier de Sainte-Croix, baptisé le 24 décembre 1738. Il fit ses preuves pour être reçu chevalier de l'ordre de Malte, en 1723. Il servit ensuite dans les armées du roi de France et fit les campagnes d'Italie, de Bohême et d'Alsace. En 1744, il était capitaine au régiment de Bourbon ; en 1748, il fit la campagne de Flandre avec le grade de lieutenant-colonel. Nommé commandant de Belle-Isle, il soutint en 1661 contre les Anglais un siège remarquable et ne se rendit qu'après une héroïque défense. Nommé pour ce fait maréchal de camp, il fut envoyé aux Iles sous le Vent en qualité de commandant des troupes françaises. Il mourut au Cap Français à Saint-Domingue le 18 août 1762 (1).

(1) Michaud : *Biographie universelle*, article Sainte-Croix.

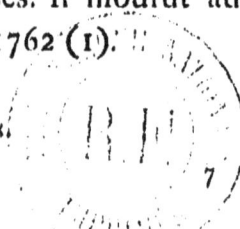

7

GUILLAUME-EMMANUEL-JOSEPH de Guillem, baron de Sainte-Croix, seigneur de Laval, naquit à Mormoiron le 5 janvier 1746 (1). Il fut nommé capitaine de cavalerie ayant à peine seize ans et suivit aux Iles sous le Vent son oncle le chevalier de Sainte-Croix. Quelques années après, il renonça aux armes pour se consacrer aux lettres. Il publia de nombreux articles d'érudition et mourut le 21 mars 1809 (2). Le baron de Sainte-Croix, fut marié ; peut-être fut-il père de :

François-Joseph-Guillaume-Théophile de Guillem de Sainte-Croix qui en 1788 était page des écuries du roi (3).

La branche directe des Guillem Sainte-Croix paraît s'être éteinte en 1809 ; mais il en existait un rameau que l'on trouve à l'Isle sur Sorgues au commencement du xviiie siècle, et dont le dernier représentant s'est éteint de nos jours.

En 1723 (4) CHARLES-BERNARD de Guillem, chevalier, seigneur de Puy-Laval, était marié à Gabrielle Françoise de

(1) Anno quo suprà (1746) et die sexta Januarii, ego infrà scriptus baptizavi infantem heri natum ex nobili Dño Joanne Ludovico Josepho Antonio de Guillen de Sainte-Croix Dño de Laval, et nobili Dña Martha Francisca de Flotte Montauban de la Roche conjugibus hujus loci, cui nomen impositum est Guillermus Emmanuel Josephus. Patroni ejus fuere nobilis dñus Ludovicus de Guillen de Sainte-Croix et nobilis dña Maria Theresia de Brancas in quorum fidem me subsignavi. — V. Jouve vicarius. (Registre des baptêmes, mariages et décès de Mormoiron).

(2) Michaud : *Biographie universelle*, article Sainte-Croix. — Michaud était l'ami du baron de Sainte-Croix ; il fut chargé après la mort de ce dernier de mettre en ordre les nombreux manuscrits qu'il laissait.

(3) Certificat de bonne conduite délivré par Messire Anne-Pierre de Montesquiou, le 15 mars 1788, à M. François-Joseph-Guillaume-Théophile de Guillen Sainte-Croix, page des écuries du roi. — Cette pièce est entre les mains d'un habitant de Mormoiron.

(4) Cette même année, Charles-Bernard de Guillem acheta de Charles de Vissec de la Tude, marquis de Ganges, l'hôtel que celui-ci avait fait construire à l'Isle-sur-Sorgues. Cet hôtel qui existe encore est connu sous le nom de l'hôtel de Guillem. Après l'assassinat de sa femme Diane de Joannis de Chateaublanc, le marquis de Ganges avait été banni du royaume et s'était retiré dans le Comtat.

Tonduty de Malijac. Charles Bernard mourut à l'Isle sur Sorgues le 23 décembre 1760 ; sa femme le 1er janvier 1769 (1).

On trouve en 1746 IGNACE FRANÇOIS de Guillem marié à Marie-Thérèse de Sabbatier (2). Enfin, en 1775, Antoine-Charles-François de Guillem (3).

A. CHARLES FRANÇOIS de Guillem, seigneur de Puy-Laval, Beaumont, etc., dit le marquis de Guillem Clermont-Lodève, (4) fut élu député de la noblesse de la sénéchaussée d'Arles aux États-Généraux de 1789. Cette élection causa quelque émotion dans Clermont où elle révéla sans doute l'existence du nouveau député. Les trois ordres de Clermont ayant été convoqués, l'assemblée délibéra le 31 juillet 1789 « ne pouvoir reconnaître le sieur Guillem, député de la ville

(1) Archives de la ville de l'Isle-sur-Sorgues, registres GG 15 et GG 19.

(2) Acte de décès de noble Françoise-Henriette de Guillem fille de noble Ignace-François et de noble Marie-Thérèse de Sabbattier, morte le 13 octobre 1746. (Archives de la ville de l'Isle-sur-Sorgues, registre GG 15).

(3) En 1775, Antoine-Charles-François de Guillem possédait l'hôtel de Guillem à l'Isle ; on pourrait induire de là qu'il est le petit-fils de Charles-Bernard de Guillem. Les recherches pour trouver l'acte de naissance ou l'acte de mariage de Charles-François n'ont pas abouti.

(4) Dans les actes de baptême de ses quatre premiers enfants, il se dit seigneur de Puy-Laval, etc. Il prend pour la première fois le titre de marquis et le nom de Clermont dans l'acte de décès de son fils Siffren en 1784. Il les prend également dans l'acte de baptême de sa fille Césarine-Marie-Gabrielle en 1786. Voici la teneur de cet acte : — « Anno 1786 die vero vigesima prima septembris baptisata est nobilis et perillustris domicella Cæsaria-Maria-Gabriella de Guilhem filia naturalis et legitima nobilis et perillustris domini Caroli-Francisci de Guilhem de Clermont et de Montjustin, ex dynastis Claromontis baronibus Occitaniæ, Equitis, Marchionis de Guilhem, domini de Puylaval, Beaumont, l'Arlatan, etc., Civis Avenionsis, et nobilis et perillustris Dominæ Joannæ de Boulouvard conjugum, predie nata. Susceptores fuere nobilis et perillustris Dominus Joannes Cesar de Saint-Julien du Chambon ex dynastis de Chambon baronibus de Sancto-Juliano primis baronibus Provinciæ de la Marche, Eques, Major des vaisseaux du Roi, Eques ordinis regii et militaris S. Ludovici, et nobilis et perillustris domicella Maria-Gabriella-Paulina de Guilhem infantis soror. — Moricelly parochus. (Archives de la ville de l'Isle-sur-Sorgues, registre GG 22).

d'Arles aux Etats-Généraux pour avoir pris naissance dans la ville de Clermont-Lodève ; encore moins le reconnaît-elle pour son seigneur. Et l'assemblée ignore s'il est de la famille des anciens comtes de Clermont-Lodève dont la tradition annonce l'extinction depuis longtemps » (1).

Aux Etats-Généraux, le marquis de Guillem siégea dans les rangs de la droite ; puis il émigra en Angleterre. De son mariage avec Jeanne-Marie de Boulouvard, il eut :

1 . Siffren-Xavier de Guillem, né en 1779, mort le 1er octobre 1784 à l'Isle-sur-Sorgues.

2 . Charles Pierre Elzéar, qui suit.

3 . Marie Gabrielle Pauline, née le 30 octobre 1776 à l'Isle-sur-Sorgues.

4 . Marie Jacqueline Victoire, sœur jumelle de Charles Pierre Elzear, née à l'Isle-sur-Sorgues le 22 septembre 1778, morte à Arles le 29 juin 1861.

5 . Césarine Marie Gabrielle, née à l'Isle-sur-Sorgues le 20 septembre 1786, mariée à Alexandre Fidel Amand de Signet, morte à Arles le 10 février 1854.

6 . Marie Victoire Joséphine Charlotte, née à Arles le 18 mai 1789, (2) morte à Arles le 21 mars 1868 (3).

CHARLES PIERRE ELZÉAR de Guillem, connu sous le nom de comte de Clermont-Lodève, naquit à l'Isle-sur-Sorgues le 22 septembre 1778 (4). Il suivit son père dans l'émigra-

---

(1) Archives de la ville de Clermont.

(2) Reg. des naiss. de la paroisse St-Laurent de la ville d'Arles, aux Arch. d'Arles.

(3) Marie-Victoire-Joséphine-Charlotte de Guillem Clermont-Lodève, décédée le 21 mars 1868 rue de l'Amphithéâtre n° 31 à Arles, âgée de 79 ans, née à Arles, fille de feu Charles-François marquis de Clermont-Lodève et de feue Jeanne-Marie Boulouvard (Etat civil de la ville d'Arles).

(4) Archives de la ville de l'Isle-sur-Sorgues, registre GG 22.

tion (1). Au retour des Bourbons, il fut nommé gentilhomme d'honneur du duc de Berry (2); il se trouvait à ses côtés lorsqu'il fut assassiné. Après la mort du duc, il fut aide-de-camp du duc de Bordeaux avec le grade de colonel (3). Nommé maréchal de camp en 1823, (4) il mourut l'année suivante. Il était chevalier de Saint-Louis et commandeur de la Légion d'honneur.

Charles fut le dernier mâle de sa famille. Le nom de Guillem s'éteignit en la personne de sa plus jeune sœur Marie Victoire Joséphine Charlotte, morte à Arles le 21 mars 1868.

(1) Le vicomte Walsh, dans ses *Souvenirs de Cinquante ans,* raconte que le marquis de Guillem et son jeune fils Charles, émigrés à Londres, furent obligés pour vivre d'exercer le métier de relieur.
(2) *Almanach royal.* — Année 1816.
(3) *Id.* — Année 1823.
(4) *Id.* — Année 1824.

NOTES.

I.

Des différentes formes du surnom des Seigneurs de Clermont.

Le surnom des seigneurs de Clermont présente diverses formes. On trouve les suivantes :

En latin :

Wilelmus. — En 1103 (Histoire de Languedoc, t. iv preuves c. 780).

Guilhermus. — En 1156 (Hist. de Languedoc, t. v, preuves c. 1181). — En 1356, lettre de Jean d'Armagnac, lieutenant du roi en Languedoc, au viguier de Gignac. — En 1363, testament de Raymond de Guillem tige des Guillem du Comtat. — En 1519, contrat de mariage de Fouquet de Guillem-Pascalis.

Guilhelmus. — En 1176 (Hist. de Languedoc, t. viii, preuves c. 311).

Guillermus. — En 1306 : Lettre du roi de France Philippe IV dans la Transaction de 1341-1347 entre le seigneur et les habitants de Clermont.

Guillelmus. — En 1263 : Vente par le seigneur de Clermont de la terre de Liausson aux Hospitaliers de Saint-Jean de Jérusalem. En 1503, bref d'indulgence du cardinal François de Clermont. — Plantavit de la Pause dans sa chronologie des évêques de Lodève écrit toujours Guillelmus.

En français :

Guilhem. — Traduction faite vers le milieu du xviie siècle de la transaction de 1341-1347. — En 1679, avertissement donné par Louis II seigneur de Clermont aux consuls de cette ville.

Guilhen. — Traduction du milieu du xviie siècle de la donation d'eau faite par Bérenger seigneur de Clermont en 1357. — En 1658, arrêt du Parlement de Toulouse. — En 1681, arrêt du Parlement de Grenoble.

Guillem. — Traduction du milieu du xviie siècle du testament de Tristan II seigneur de Clermont. — L'auteur de l'Histoire chronologique des comtes de Clermont-Lodève écrit Guilhem et Guillem.

Guillaume. — Cette forme est assez rare. On la trouve dans une pièce de 1483 dressée par les argentiers de Charlotte de Savoie, femme du roi Louis XI.

En roman :

Guillens. — En 1634, Plantavit p. 91.

II.

Sur l'auteur de

l'Histoire chronologique des Comtes de Clermont de Lodève

et la date de la publication de cette Histoire.

L'*Histoire chronologique des comtes de Clermont de Lodève* a été imprimée sans nom d'auteur et sans indication de lieu et de date.

Le P. Estiennot, bénédictin, dans la « Bibliothèque historique de la France » (t. III p. 767), attribue cette histoire à Henri de Caux, auteur du « *Catalogue des gentilshommes de Languedoc dont les titres ont été remis à M. de Bezons*, in-f°, 1676. »

Mais la Gallia Christiana (t. VI, p. 607) désigne Julien comme l'auteur de cette histoire. Dans l'énumération des abbesses de Gorjan, on lit : « Imberta de Conatio memoratur Gorjani abbatissa ab anno 1366 ad 1377. Hujus meminit D. Julien in historia dynastarum Claromontensium. » — Nous nous rangeons à l'opinion de la Gallia Christiana pour les motifs suivants : 1° L'auteur de l'ouvrage était né à Clermont, ce qui ressort du passage *(Histoire chronologique, p. 313)* dans lequel, après avoir rapporté l'arrêt de réintégration du Consulat en 1347, il ajoute : « Mais, Messieurs de Clermont, mes chers patriotes (compatriotes), prenez garde d'une seconde rechute, etc. ». 2° Il était familier et secrétaire du seigneur de Clermont : « Ce qui m'a obligé, dit-il, de dresser cette histoire, est que Monseigneur Aldonce de Guilhem, etc., m'ayant donné les clefs de ses archives pour y chercher un papier d'assez petite importance, je trouve tout à coup une imminente grandeur dans la petitesse que je cherchais, et le désir que j'avais de satisfaire ma curiosité fit naître dans mon esprit la résolution de voir si la grandeur que j'avais trouvée serait suivie de quelque autre semblable ou de différente nature » (Histoire chronologique, chapitre III). — 3° Le ton général de l'ouvrage, le soin particulier avec lequel est détaillé tout ce qui a trait à l'Eglise, portent à croire que l'auteur était clerc, peut-être chapelain du seigneur de Clermont.

Aucune de ces caractéristiques ne saurait s'appliquer à Henri de Caux, natif de Caux, laïque, et remplissant une charge auprès des Etats de Languedoc.

Divers passages de l'Histoire des Seigneurs permettent de fixer la date à laquelle elle fut écrite. L'auteur (p. 127) dit qu'il continuera l'Histoire de la famille de Clermont « jusqu'en l'année 1645 que le tronc de cet arbre généalogique se trouve en la personne de messire Gabriel Aldonce de Guillem de Clermont, etc. » Et (pp. 58 et 59) « que messire Gabriel Aldonce de Guilhem *maintenant* comte de Clermont.... ayant été fait l'époux de Madame Magdeleine Duprat a si heureusement repeuplé sa généalogie que quatre enfants mâles se trouvent dans sa maison : M. le marquis de Seysac, M. l'abbé de Clermont vicomte de Nebousan et baron de Saint-Chantin, M. le baron de Caumont et d'Espalieu, et M. le vicomte de Venez. » — Enfin il rapporte (p. 180) que « l'Empereur Charles-Quint donna aux chevaliers de Saint-Jean-de-Jérusalem l'île de Malte *où ils sont menacés d'être attaqués par les infidèles* si les trois couronnes chrétiennes ne se rallient ensemble et ne font de trois armées une pour aller fondre sur eux. »

De ces trois passages de l'Histoire des Seigneurs, on doit déduire : 1° que l'ouvrage écrit sous le règne de Gabriel Aldonce l'a été avant 1657 date de sa mort ; 2° que l'époque de sa composition est antérieure à 1651, date de la mort du fils aîné de Gabriel Aldonce, le marquis de Seysac tué en duel à Bordeaux par Coligny ; 3° enfin que c'est en 1645 qu'elle a été écrite, car c'est à cette date qu'eut lieu la déclaration de guerre faite par le sultan Ibrahim à l'Ordre de Malte pendant le magistère de Lascaris. (Vertot, Histoire des Chevaliers de Malte, т. v, p. 193).

Suivant Durand (Histoire de Clermont, p. 231), l'Histoire des Seigneurs aurait été imprimée au commencement du xviiie siècle (1), mais il ne donne aucune preuve à l'appui de cette assertion qui est erronée. Il est certain que l'impression de l'ouvrage est antérieure à l'an 1671.

Le livre archivial des PP. Recollets de Clermont composé en cette même année 1671 renferme ce passage : « Sans nous amuser à raconter tout ce qui s'est dit de plus mémorable de Clermont dans *l'histoire imprimée* et composée par une plume plus éloquente que la mienne, etc. ». Il est à présumer que l'impression de l'ouvrage a été faite peu après sa rédaction ; l'auteur n'aura pas voulu perdre le bénéfice des flatteries dont il avait accablé la famille des seigneurs de Clermont.

Julien, en écrivant son Histoire, a toujours eu pour objectif de rehausser quand même la famille des Guillem et celle des Caylus-Castelnan substituée aux nom et armes de la première par le mariage de Pons de Caylus avec Antoinette de Guillem ; aussi son livre ne doit-il être consulté qu'avec prudence. Jus-

---

(1) On a imprimé : 17e siècle, mais c'est une erreur d'impression évidente ; on doit lire : 18e siècle.

ques vers le milieu du xii⁰ siècle, il mérite peu ou point de créance; à partir de cette époque, il renferme des renseignements précieux mais qui doivent toujours être contrôlés avec soin.

On ne connaît que quatre exemplaires de l'Histoire des Seigneurs. L'un est aux archives de la ville de Clermont l'Hérault, le second à la bibliothèque de Narbonne, les deux autres appartiennent à des particuliers. Ils sont tous incomplets; les pages en ont été lacérées à partir de la fin du xv⁰ siècle ou des premières années du xvi⁰.

III.

Sur l'origine des Guillem.

Suivant Julien, les Guillem ont pour auteur Guillaume, duc de Toulouse, fondateur de l'abbaye de Gellone, qu'il appelle Renaud de Guillem afin de pouvoir l'identifier avec Renaud de Montauban, l'un des héros de l'Arioste, et lui attribuer les exploits fabuleux de ce personnage.

Son fils Bernard, duc de Septimanie, aurait été père de Fulgald comte de Rodez et de Lodève, et celui-ci aurait eu pour fils Raymond comte de Toulouse, Guy comte de Sustantion et de Montpellier, et Guillaume baron de Clermont. (1).

On sait que Guillaume, duc de Toulouse, était parent de Charlemagne. Julien lui donne une sœur, Hermengarde, dont il fait la femme de Louis le Débonnaire (2); la famille des barons de Clermont se trouvait ainsi descendre d'un puissant seigneur doublement allié à l'Empereur des Francs. Cette noble origine ne tient pas devant la réalité des faits.

Hermengarde n'était pas la sœur du duc Guillaume et la descendance de celui-ci a été établie d'une manière incontestable par les annotateurs de la nouvelle édition de l'Histoire

---

(1) *Histoire chronologique,* pp. 92 à 95 et 132.
(2) *Ibid ,* p. 99.

de Languedoc. Dans une savante note (1) M. E. Molinier donne la filiation du duc de Toulouse; elle se termine en son petit-fils Bernard, comte d'Autun, mort en 872.

La version de Julien est suivie par Durand (2). « Il est vrai, dit-il, qu'en parlant des enfants du duc de Septimanie, l'Histoire de Languedoc ne fait aucune mention de Fulgald, mais il est à croire que notre historien aura trouvé ce nom dans les archives du château qu'il consulta, et on peut bien s'en rapporter à lui jusqu'à preuve du contraire ». On vient de voir combien la confiance de Durand en Julien est mal fondée, et c'est avec raison que les Bénédictins n'ont fait aucune mention de Fulgald parmi les fils de saint Guillaume.

Il est vrai que l'on trouve un Fulgald comte de Rouergue avant 837 (3), père de Frédelon et de Raymond I successive-ment comtes de Toulouse depuis l'an 849, mais rien n'indique que ce Fulgald soit fils du duc Guillaume et il n'a jamais été comte de Lodève. Il était sans doute mort en 884, époque à laquelle, d'après Julien, (4) il aurait cédé la moitié de son comté à Totila, évêque de Lodève, lequel, au reste, mourut en 880 (5).

La communauté d'origine des seigneurs de Clermont avec les seigneurs de Montpellier et leur auteur qu'il nomme Gui de Guillem, comte de Sustantion et de Montpellier, n'est pas mieux fondée. Julien paraît croire que les comtes de Sustan-tion portaient aussi le titre de comte de Montpellier, mais ja-mais ces deux titres n'ont été réunis sur la même tête et, du reste, Montpellier a toujours été simple seigneurie. Le pre-

---

(1) *Histoire de Languedoc*, t. II pp. 271 et suivantes.
(2) *Histoire de Clermont*, p. 46.
(3) *Histoire de Languedoc*, t. II p. 369.
(4) *Histoire chronologique*, p. 127.
(5) Plantavit, p. 32

mier comte de Sustantion fut N . ., mari de Guillelmette qui
vivait au commencement du xᵉ siècle (1); sa postérité finit
en Béatrix, épouse en secondes noces de Bernard Pelet; leur
fille Ermessinde, héritière du comté, épousa Raymond qui
fut plus tard le comte de Toulouse Raymond VI (2).

Le premier seigneur de Montpellier dont l'histoire ait
gardé le nom est Gui,(3) ou mieux Guillaume, qui vivait en
975, près d'un siècle après l'époque indiquée par Julien
(884) (4).

Andocque, dans son *Histoire de Languedoc* (t. i, p. 293),
donne également Saint-Guillaume de Gellone pour l'auteur
commun des maisons de Montpellier et de Clermont, mais la
descendance aurait eu lieu par un autre de ses fils, Guittarius.

« Bien que les seigneurs de Montpellier, dit-il, ne fussent
ni comte ni vicomte, ils sortaient néanmoins de maison
comtale, et d'ailleurs ils étoient trop considérables en Languedoc pour n'en faire pas mention. Or, durant la vie des
comtes et des vicomtes desquels je sors de parler en ce livre,
la ville de Montpellier étoit sous la domination de ses seigneurs particuliers; ces seigneurs s'appelèrent tous Guillaume
et ne furent distingués que par le nom de leur mère. Ils
descendaient tous de Guittarius, fils de Guillaume gouverneur
de Toulouse et de Narbonne, fondateur de l'abbaye de Saint-
Guillaume le Désert ; on trouve dans l'acte de cette fondation
que Guillaume la fonda particulièrement afin que les religieux d'icelle priassent Dieu pour son père Théodoric, pour
sa mère Adalesme, pour ses trois fils Bernard, Guittarius et
Gausselin et pour sa fille Herberge. J'ai parlé de Bernard, de

(1) *Hist. de Languedoc*, t. iv, p. 178.
(2) *Ibid.*, t. vi, p. 48.
(3) *Ibid.* t. iv, p. 181.
(4) Julien p. 127.

Gausselin et d'Herberge, mais l'histoire ne parle point de Guittarius; sans doute qu'il n'alla pas à la cour du Débonnaire ni de son fils et qu'il mena une vie plus douce, quoique avec moins d'éclat, dans le Bas-Languedoc où son père avait tant de terres et de seigneuries. Car outre celles qu'il donna à l'abbaye de Saint-Guillaume, qui sont le long de la rivière d'Hérault, il avait encore Uzès, Montpellier, Clermont et Lodève. Or, comme l'histoire ne fait aucune mention de Guittarius, elle ne dit rien aussi de ses descendants jusqu'à ce qu'ils prennent le nom de Guillaume de Montpellier en mémoire de ce Guillaume père de Guittarius. Il est vrai que les actes des archives de la maison de Clermont de Lodève *qui est sortie de là* en parlent assez. »

Andocque dit avec raison que l'histoire ne parle pas de Guittarius et de ses premiers descendants; les archives de la maison de Clermont sont également muettes sur eux puisque, d'après Julien, l'auteur commun des deux maisons serait Bernard et non Guittarius.

Pierre Louvet (Abrégé de l'Histoire de Languedoc p. 128) rapporte l'opinion d'Andocque. Au siècle dernier, Pithon-Curt (Histoire de la Noblesse du Comté Venaissin, t. I, p. 85) dit que, d'après Le Laboureur (Additions aux Mémoires de Castelnau), les maisons de Montpellier et de Clermont ont la même origine. Et de nos jours, M. de Barrau (Nobiliaire du Rouergue, t. I, p. 574) énonce cette même origine, en ajoutant : « à ce que l'on croit ». Mais tous ces écrivains n'appuient leur dire d'aucune preuve.

Les archives du château de Clermont, dans lesquelles Julien dit avoir puisé toutes les fables qu'il raconte sur Saint-Guillaume de Gellone et ses descendants, n'existent plus.

IV.

Les premiers Guillem.

On trouve pour la première fois le nom de Guillem en 1086. Bérenger de Guillem et sa femme Loupiane donnent à Saint-Pierre et aux monastères de Psalmodi et de Joncels l'église de Sainte-Cécile du château de Loupian (1).

En 1094, Agnès et Pierre Guillem son mari engagent à Bérenger Nigreti, abbé de Saint-Thibery, la quatrième partie d'une condamine située dans le territoire de Saint-Thibery, pour 700 sous melgoriens ou 14 marcs d'argent pur (2).

En 1101, Bérenger Guillem et Pierre Guillem vendent à Guillaume, abbé de Gellone, l'église paroissiale de Caux et ses dépendances (3),

Vers la même époque on trouve dans le Lodevois, Guillem de Parlages qui donne à Guillem, abbé d'Aniane, l'alleu de Villela (4).

En 1118 ou 1119, Ermengaud Guillem et son fils Raimond, avec Bernard Raimond fils de Bernard Raimond de Castelnau, donnent à Pierre, abbé de Gellone, l'église de Saint-Martin de Caux (5).

Il est à croire que les seigneurs de Caux et de Parlages sont de la famille des Guillem de Clermont. En 1184 Aymeri II, seigneur de Clermont, est aussi seigneur de Parlages ; et plus

(1) *Gallia Christiana*, VI. 474.
(2) *Ibid.* VI, 711.
(3) *Ibid.* VI, 586.
(4) *Ibid.* VI, 586. — Villela, ferme, commune de Gignac. (Thomas, *Dictionnaire Géographique de l'Hérault.*)
(5) *Ibid.* VI, 588.

tard, tout au commencement du xive siècle, les seigneurs de Caux appartiennent certainement à la famille de Clermont (1).

On trouve encore le nom de Bérenger Guillem (Berenga-rius Wilelmus) parmi les témoins de la donation de Gibellet en Syrie, faite par Raymond de Saint-Gilles, comte de Toulouse, à l'abbaye de Saint-Victor de Marseille. L'acte fut sous-crit au Mont Pélerin en Syrie, le 17 janvier 1103 (2). Il est possible que ce Bérenger Guillem qui avait suivi le comte de Toulouse à la croisade, ait été seigneur de Clermont.

Julien dit que le premier seigneur de Clermont est Guillaume de Guillem, fils de Fulgald, en 880 (3). Le nom seul qu'il donne à ce seigneur prouve qu'il n'a pas existé, car, à cette époque, les surnoms n'étaient pas inventés ; on s'appelait Guillaume, Odon, etc, sans faire suivre ce nom d'aucun surnom ; le surnom ne commence à être employé que vers la fin du xe siècle.

Julien est muet sur les successeurs de Guillaume de Guillem pendant un siècle. En 988, dit-il, Berenger de Guillem est seigneur de Clermont ; il assiste au sacre de Hugues Capet (4). Son successeur Aymeri va à la première croisade, s'y couvre de gloire sous les noms de Guillaume Jourdain et de comte de Tortose (5). Il meurt en Palestine en 1109 sans laisser de postérité (6). Certaines de ces assertions sont notoirement erronées ; les autres auraient besoin d'être confirmées par des textes.

(1) Voir le chapitre : Les seigneurs de Gignac, de Caux et de Belarga.
(2) *Hist. de Languedoc*, t. v, preuves c. 781.
(3) Julien, pp. 132, 133.
(4) *Ibid.*, p. 146.
(5) *Ibid.*, pp. 154 et suiv.
(6) *Ibid.*, p. 162.

V.

Sur l'époque de la fondation de la maison de Nebian des Hospi-
taliers de St-Jean de Jérusalem.

Suivant Julien (p. 179), en 1157, les Hospitaliers de
St-Jean de Jérusalem fondèrent une maison à Nebian. Bérenger de Guillem, seigneur de Clermont, leur donna des terres
dans cette localité « et pour rehausser davantage l'esclat de
son zèle les faitct seigneurs du lieu appelé Liausson dépendant de sa baronie. Le seigneur evesque de Lodève leur donna à perpétuité les eglises St-Julien et St-Vincens de
Nebian. »

Plantavit (p. 87), au sujet de cette fondation, dit que, en
1157, Pierre de Posquières évêque de Lodève, du consentement de son chapitre, donne à l'Ordre de St-Jean de Jérusalem
l'église de St-Julien et St-Vincent de Nebian avec les dîmes,
prémices et oblations, se réservant le quarton, le droit syno-
dial et le respect épiscopal. Réservant aussi le droit des tierces
du chapitre, avec pouvoir pour celui-ci d'interdire l'office
divin dans cette église si les tierces ne sont pas payées à
l'époque fixée. Cet office ne pourra être célébré par tout
prêtre qui n'aura pas reçu charge d'âmes de la part de
l'évêque.

Durand (p. 66) rapporte les donations de Bérenger seigneur
de Clermont et de l'évêque de Lodève ; il ajoute que ces
donations ayant été agréées par le grand-maître de l'Ordre,

celui-ci nomma un commandeur qui prit possession de sa commanderie en 1157, fit bâtir une maison, etc.

Les archives du grand prieuré de Saint-Gilles, dont dépendait la maison de Nebian, (1) permettent d'établir d'une manière certaine que la maison de Nebian fut fondée avant l'époque marquée par Julien et par Durand. La date précise de la fondation est inconnue, mais les Hospitaliers étoient déjà à Nebian en 1147, époque à laquelle Aymeri 1 était seigneur de Clermont. En cette année, Agnès et son mari Raymond Ferrand vendent au prix de XLV sous melgoriens à l'Hôpital de Jésusalem et à Guillaume maître de l'Hôpital, deux pièces de terre situées à Nebian. Dans les confronts des terres vendues, figure une terre appartenant déjà à l'Hôpital. A l'époque de la vente, Arnaud étoit prieur de la maison de l'Hôpital de Saint-Gilles (2).

En 1156, Pons Roux et sa femme Aldiarde vendent à la maison des Hospitaliers de Nebian, dont Foulques de Nize étoit le Maître, une vigne au prix de L sous melgoriens (3).

La maison existait donc depuis plusieurs années lorsque, en 1157, Pierre de Posquières donna les deux églises de St-Julien et de St-Vincent de Nebian. Aux conditions de la donation énumérées par Plantavit, l'évêque de Lodève ajouta que nul diocésain de Lodève ne pourrait être enterré dans les églises de Nebian, s'il n'étoit paroissien de cette localité ou s'il n'avait renoncé au monde. Les conditions mises par l'évêque à sa donation furent acceptées par Raymond grand-maître de l'Hôpital, Guichard prieur de St-Gilles, et Foulques maître de la maison de Nebian. L'acte de donation

---

(1) Ces archives sont conservées aux archives du département des Bouches-du-Rhône.

(2) Voir Pièce n° I.

(3) Voir Pièce n° II.

fut fait à Lodève sous le portique de la maison épiscopale, le v des calendes de novembre 1157 (28 octobre 1157) (1).

Ce n'est que plus d'un siècle après l'époque marquée par Julien, que l'Ordre de St-Jean de Jérusalem fut en possession de Liausson, non par un don, mais par une vente du seigneur de Clermont. En 1263, Bérenger de Guillem vendit à l'Ordre et à Jaucerand, maître de la maison de Nebian, la villa de Liausson avec tous ses droits et appartenances, la justice haute et moyenne, se réservant toutefois que les habitants de Liausson suivraient les seigneurs de Clermont dans leurs chevauchées. La vente fut faite au prix de 5000 sous melgoriens.

L'acte de vente donne pour limites de la terre de Liausson : le chemin de Clermont à Lauzières, le chemin de la Dourbie à Lodève passant par Amenhas, le territoire de Mourèze et le ruisseau des Chèvres. On voit dans l'acte que les Hospitaliers avoient déjà une maison sur le mont Liausson (2).

(1) Voir Pièce n° III.
(2) Voir Pièce n° V.

VI.

Aymeri II de Guillem,

sa lutte avec son fils Bérenger et l'époque de sa mort.

La partie de l'Histoire des Seigneurs de Clermont comprise entre 1209, et 1239 date de la mort de Aymeri II, a été complétement défigurée par Julien. D'après lui, 1º : Aymeri ayant été excommunié en 1209 pour avoir pris le parti du vicomte de Béziers, son fils aîné Bérenger se saisit du château de Clermont ; mais bientôt touché de repentir, il se soumet la même année à son père (p. 205); 2º : Aymeri meurt en 1215 et son fils Bérenger (Bérenger III, de Julien) lui succède (p. 219); 3º : En 1239, lors du soulèvement de Trencavel contre le roi de France, Aymeri, second fils de Bérenger III seigneur de Clermont, prend le parti de Trencavel, s'empare de plusieurs châteaux et reçoit auprès de lui un agent du Comte de Toulouse qui spolie les églises, etc. Il est excommunié. Il fait sa soumission la même année entre les mains du légat du pape à Narbonne (p. 230).

Ces trois assertions de Julien doivent être ainsi rectifiées : 1º La révolte de Bérenger contre son père eut lieu non en 1209, mais à une date peu antérieure à 1233 ; 2º Aymeri II mourut en 1239 ou 1240; 3º C'est lui, et non son petit-fils Aymeri, second fils de Bérenger, qui prit le parti de Trencavel.

L'existence d'Aymeri postérieurement à 1215 est prouvée

par sa présence à la donation de Raymond VII en 1219 (1).
On retrouve Aymeri en 1233. Voici ce qu'en dit Plantavit :
« L'an 1233, saint Louis manda à l'évêque d'Usez que s'il
trouvait que Bérenger Guillem, seigneur de Clermont, pour
la querelle qu'il avait soulevée contre son père, eût fait légi-
timement appel devant lui, il eût à entendre les parties, et
leur rendre justice en dernier ressort. Dans le cas contraire, il
devait les renvoyer devant Pierre, évêque de Lodève, de la
sentence duquel il avait été appelé. » (2).

Il résulte de ce passage que Bérenger, fils d'Aymeri, avait
chassé son père de sa terre et qu'il avait pris le titre de seigneur
de Clermont. Aymeri porta sa cause devant l'évêque de Lodève,
son suzerain, qui condamna Bérenger. Celui-ci appela de la
décision de l'évêque à la cour du roi de France. En 1233,
Louis IX mande à l'évêque d'Usez d'examiner l'affaire. Si
l'appellation de Bérenger est juste, l'évêque doit entendre les
parties et juger en dernier ressort. Dans le cas contraire, il doit
renvoyer les parties à nouveau devant l'évêque de Lodève.

La solution du différend entre le père et le fils nous est
donnée par un passage des procès-verbaux des enquêteurs
royaux de 1248-1249. « A vous seigneur maître Pierre et
frère Jean enquêteurs,..... Déodat, seigneur du château de
Boussagues, suppliant, déclare, que lorsque il avait en saisine
et en possession le château de Nebian et que noble seigneur
feu Aymeri seigneur de Clermont, *au temps où il recouvra sa*

<hr/>

(1) Voir ci-dessus p. 10.

(2) Anno 1233, S. Ludovicus mandavit episcopo Uticensi ut si comperiret quod
Berengarius Guillelmi Clarimontis dynasta, pro controversia quam contrà patrem
moverat, legitimè ad se appellasset, eos audiret, eisque ultimate jus faceret ; sin
minus, eos ad Petrum episcopum Lodovensem, à cujus fuerat appellatum remit-
teret. — Plantavit p. 142.

terre de feu Bérenger Guillem son fils, par l'ordre du roi de France..... etc. (1).

Ce texte démontre que Aymeri seigneur de Clermont recouvra sa terre sur son fils Bérenger et que tous les deux étaient morts à l'époque de la déposition de Déodat de Bous⁻ sagues devant les enquêteurs royaux. (1248-1249).

Aymeri II mourut en 1239 ou au commencement de 1240 ; le dernier acte de sa vie fut l'aide qu'il donna à Trencavel.

Durand, dans la période qui fait l'objet de cette note, accen- tue encore les erreurs de Julien. Le fils d'Aymeri II, dit-il, qui fut plus tard Bérenger III (p. 84) se révolte contre son père et le chasse de Clermont (2). Il lui succéde en 1216, son règne dure jusqu'en 1239. Il a pour successeur son fils Aymeri III dont le règne ne dure qu'un an, 1239-1240.

Aymeri III suit le parti du comte de Toulouse, est en guerre avec l'évêque de Lodève, pille les biens de l'Eglise, et vaincu enfin, est obligé de faire sa soumission et de rendre hommage à l'évêque en 1239. Aymeri III est mort en 1240 ; son successeur est Bérenger IV (pp. 88 à 92).

L'auteur de l'Histoire de Clermont ajoute dans une note (p. 255) : « L'Histoire des Seigneurs ne distingue point ce Bérenger du précédent. Mais, outre l'invraisemblance d'un si long règne de Bérenger III, la chronologie de M. de la Pauze fait foi qu'en l'année 1239, le seigneur de Clermont n'était plus Bérenger, mais Aymeri. Conséquemment, ce Bérenger qu'on trouve à l'année 1240, est un quatrième de ce nom. »

---

(1) Vobis dominis magistro P. et fratri J. inquisitoribus..... Deodatus dominus de castris de Bociacis, supplicando significat, quod cum ipse..... esset in saizina et possessione castri de Nebiano, et nobilis vir A. quondam dominus de Claromonte, tempore quo recuperavit terram suam à Berengario Guillelmo, filio condam suo, mandato regis Francie, etc. — *Hist. de Languedoc* : VII, Enquêteurs cc. 100, 101.

(2) Durand n'indique pas la date, mais c'est avant 1216 époque à laquelle, selon lui, mourut Aymeri II.

On le voit, Durand place deux Aymeri seigneur de Clermont dans la période 1209-1239 et il fait deux personnes différentes de Bérenger, fils d'Aymeri II, par suite des déductions erronées qu'il tire du récit de Plantavit.

En résumé, Aymeri II a régné depuis 1184 ou un peu avant cette époque jusqu'en 1239 ou 1240. Son fils Bérenger qui fut plus tard le Bérenger II de cette chronique, (Bérenger III, de Julien; Bérenger III et Bérenger IV, de Durand) occupa Clermont pendant quelque temps, mais Aymeri en reprit possession après 1233 et le garda jusqu'à sa mort.

VII.

Sur les querelles des seigneurs de Clermont et des évêques de Lodève.

Les querelles des évêques de Lodève et des seigneurs de Clermont, qui avoient pour origine la suzeraineté que les évêques voulaient exercer sur les seigneurs, sont un intéressant épisode de l'histoire du Lodevois pendant la seconde moitié du XIIᵉ siècle et une grande partie du XIIIᵉ. Dans cette lutte, les évêques eurent l'appui des rois de France, appui un peu platonique pendant le XIIᵉ siècle, alors que l'autorité du roi étoit bien faible dans cette partie du royaume, mais qui devint efficace après la conquête du pays par les croisés du Nord et surtout par l'influence qu'acquit la royauté par l'achat des domaines des Montfort. Mais alors les sénéchaux royaux de Carcassonne, désireux d'étendre leur autorité, empiétèrent fréquemment sur les droits des évêques et accueillirent favorablement les avances de nombre de seigneurs du Lodevois qui, à l'exemple de ceux de Clermont, offraient de se donner au roi pour ne pas reconnaître la suzeraineté des évêques. Et il fallut qu'à diverses reprises le roi de France rappelât à ses officiers qu'ils eussent à repousser ces propositions et à faire respecter les droits et les privilèges des évêques.

Au milieu du Xᵉ siècle, lorsque Saint-Fulcrand fut élu évêque de Lodève, le pouvoir politique était exercé dans le Lodevois par des vicomtes dépendant des comtes de Toulouse. L'évêque n'avait aucune juridiction et son domaine était presque nul. Saint-Fulcrand le rendit important ; par son testament (1015) il légua à Saint-Geniez, c'est-à-dire à l'Eglise de Lodève, des biens considérables qui faisaient partie de son patrimoine. Ces biens, situés pour la plus grande partie dans le Lodevois et principalement dans un rayon assez restreint autour de la cité épiscopale, furent le commencement de la puissance des évêques.

En 1077 la vicomté de Lodève appartient aux vicomtes de Millau et de Carlat sous la suzeraineté des comtes de Toulouse ; ils paraissent l'avoir conservée sans contestation jusque vers le milieu du XIIᵉ siècle. A cette époque, les évêques dont la puissance s'était peu à peu augmentée, voulurent la leur disputer, mais se sentant trop faibles pour lutter contre eux, ils eurent recours au roi de France. Suivant Plantavit, le roi Louis VII en 1157 et en 1162, accorda aux évêques Pierre et Gaucelin et à leurs successeurs deux chartes qui leur conféraient d'importants privilèges. La première n'existe plus, mais la seconde nous a été conservée ; en voici les principales dispositions : Le roi concède à l'église de Saint-Geniez, c'est-à-dire à l'évêque de Lodève, la ville de Lodève avec toutes les dépendances de l'église, et l'autorisation d'y faire élever telles fortifications qu'il jugera convenable ; le château de Montbrun situé aux portes de la ville, et une vingtaine de châteaux ou villages du Lodevois. Il interdit à tout duc ou comte d'exercer aucune exaction sur l'église de Lodève et de s'emparer de la maison de l'évêque lors de sa mort. Il lui accorde, en outre, les droits régaliens dans tout l'évêché, savoir : les routes, c'est-à-dire leur police et les péages à y établir, le droit de fortifier les églises et les cimetières et celui d'empêcher d'élever de nouvelles fortifications. L'évêque recevra tous les hommages dûs au roi ; il aura la justice tant civile que criminelle même dans les affaires capitales ; il fera exécuter ses sentences par ses officiers sans immixtion de tout juge de cour séculière. Il aura enfin tous les droits du roi sur les mines exploitées ou qui le seront dans la suite.

C'étaient de grandes concessions qu'obtenait l'évêque, mais peut-être plus apparentes que réelles, car la puissance du roi était bien faible dans le Midi de la France, et l'évêque avoit un puissant voisin avec lequel il devait compter, le comte de Rodez, issu des anciens vicomtes de Millau et de Carlat, qui prétendait à la souveraineté du Lodevois. Nous n'entrerons pas dans le détail de cette lutte qui dura un demi-siècle avec des péripéties diverses et qui se termina au profit de l'évêque. En 1165, une transaction eut lieu entre les deux parties; le comte et l'évêque se reconnurent la possession pendant six mois chacun du château de Montbrun, c'est-à-dire de Lodève; et en 1188, le comte de Rodez, Hugues, renonça à toute souveraineté sur le Lodevois moyennant une somme de 60,000 sous melgoriens que lui paya l'évêque Raymond; cette vente fut ratifiée par le comte de Toulouse Raymond V, en qualité de comte particulier de Lodève et de suzerain du pays. Raymond V donna peu après à l'évêque tout ce qu'il possédait lui-même dans le Lodevois.

La même année où l'évêque transigeait avec le comte de Rodez, il obtenait du roi de France Philippe-Auguste un diplôme qui, tout en lui confirmant les concessions accordées par Louis VII, lui donnait en outre le droit de battre monnaie, monnaie qui aurait cours dans tout le diocèse et sur laquelle personne ne pourrait élever de prétention.

Le seigneur de Clermont Bérenger I avait profité de l'état de trouble amené par la guerre du comte de Rodez et de l'évêque de Lodève pour faire des incursions sur le domaine du dernier; mais lorsque la paix fut rétablie, il dut restituer les terres dont il s'était emparé et payer à l'évêque en dédommagement une somme de 2,000 sous melgoriens. Plantavit ajoute qu'en 1172, Bérenger dut se reconnaître vassal de l'évêque et qu'en 1184, son fils Aymeri dut rendre aussi hommage à l'évêque Gaucelin. L'Histoire de Languedoc qui relate ces hommages d'après Plantavit, paraît cependant les mettre en doute : « Bérenger et Aymeri, seigneurs de Clermont, dit-elle, rendirent, *à ce qu'on prétend*, en 1172 et 1184, leur hommage à Gaucelin, évêque de Lodève. »

Nous croyons, en effet, que Bérenger n'a jamais reconnu pour suzerain l'évêque de Lodève, et nous en donnerons plus bas le motif ; mais nous serons plus affirmatif que les Bénédictins en ce qui concerne Aymeri. A notre avis, celui-ci se reconnut le vassal de l'évêque, non pour Clermont et les terres avoisinantes, mais pour les domaines qu'il possédait dans le haut Lodevois : Esparrou, les Plans, Parlage, Saint-Privat, domaines séparés de Clermont par les possessions de l'évêque de Lodève et dont la défense devenait par là difficile pour Aymeri. Suivant Plantavit, Aymeri les possédait en alleu ; en les donnant à l'évêque et en les reprenant de lui en fief, il s'en assurait ainsi la paisible possession. Mais, nous le répétons, il ne s'agit ici que de terres éloignées de Clermont et non de celui-ci. Remarquons aussi que dans les domaines qu'Aymeri reconnaissait tenir en fief de l'évêque, il se réservait le château de Parlages, sans doute parce que sa position en rendait la défense facile.

Les termes dont se sert Plantavit pour exprimer l'hommage d'Aymeri : « Aimericus Guillelmi Clarimontis dynasta donavit Gaucelino domino suo *allodium* quod ipse et pater suus habebant », prouveraient que Bérenger ne rendit pas hommage à l'évêque en 1172, puisque les mêmes terres pour lesquelles Aimeri rendit le sien étoient encore des alleux en 1184.

Survient la guerre des Albigeois. Aymeri prend parti pour son neveu le vicomte de Béziers et occupe des terres de l'évêque de Lodève. Après la défaite de Raymond Roger, il fait sa paix et restitue ce dont il s'était emparé, mais non sans que l'évêque ait eu recours au roi, car en septembre 1210, Philippe-Auguste confirme à l'évêque les concessions faites précédemment. Le roi fait savoir à tous les évêques, comtes, vicomtes de la province de Narbonne et des évêchés de Rodez et d'Alby qu'il a pris sous sa protection l'Eglise et l'évêque de Lodève, les hommes et les droits leur appartenant, et qu'en signe de protection et d'amour, il leur accorde le privilège d'arborer l'étendard royal.

Malgré la lettre du roi, Aymeri refuse de rendre hommage à l'évêque et son exemple est suivi par un certain nombre de seigneurs du Lodevois, car en juillet 1215, Philippe-Auguste écrit « à ses bien aimés *n*Aimeri de Clermont, au seigneur de Montpeyroux et du Bosc, à Salomon de Faugères et aux autres barons de l'évêché de Lodève » pour leur faire savoir qu'il a accordé les droits régalions à l'évêque Pierre et qu'ils doivent lui obéir en tout ce qui concerne ces droits. Et s'ils s'y refusent, il charge Simon comte de Montfort de les y contraindre.

Mais avant l'envoi de cette missive, Aymeri avait obtenu du Roi des lettres dans lesquelles il était dit que la question de l'hommage était réservée jusqu'à ce que le concile de Trente eût pris fin, (il eut lieu en 1215), et qu'alors l'affaire serait portée au Conseil du Roi. Le seigneur de Clermont dut se prévaloir de ces lettres, car Philippe-Auguste lui écrivit de nouveau en 1216 que, nonobstant les lettres qu'il avait obtenues de lui, il devait rendre à l'Evêque l'hommage et tout ce qu'il devait au Roi. Et il ajouta qu'il avait écrit de nouveau à Simon, maintenant comte de Toulouse, de juger cette affaire entre l'Evêque et lui suivant ce qui avait été dit ci-dessus.

Aymeri obéit-il alors ? Rien ne le prouve, quoique cependant à cette époque le pouvoir royal commençât à être plus fort ; mais ce que n'avait peut-être pu obtenir le roi, une querelle de famille l'amena.

Chassé de Clermont par son fils Bérenger, Aymeri en appela à l'évêque ; c'étoit reconnaître sa suzeraineté. Néanmoins, lorsqu'il eut recouvré sa terre sur son fils, et lorsque Pierre de Lodève fut mort, Aymeri refusa de rendre hommage à son successeur Bertrand de Mornay (1239), et non content de cela, il s'empara des biens de l'Eglise. L'évêque eut recours au roi Louis IX qui manda au sénéchal de Carcassonne d'obliger le seigneur de Clermont à rendre hommage à l'évêque. Nous ne savons si l'ordre du roi fut obéi, Aymeri étant mort peu après.

Son fils Bérenger II refusa comme lui de reconnaître la suzeraineté de l'évêque ; nouvelle injonction du roi, mais qui fut sans doute inefficace, car en 1242, Bérenger refusa également de rendre hommage à Guillaume de Cazouls, successeur de Bertrand de Mornay.

C'est ici que se place un épisode fort curieux que Plantavit rapporte en ces termes : « L'an 1243, la veille des calendes de « juin (31 mai 1243), par l'ordre de Saint-Louis, en présence « de la reine-mère Blanche, Bérenger Guillem seigneur de « Clermont, les genoux fléchis et les mains jointes, après le « baiser de paix et d'alliance, est contraint de rendre à l'évêque « Guillaume l'hommage dû à l'église de Lodève pour le lieu « fort de Clermont et pour Canet, Nebian, Brignac et tous « les autres lieux, Ceyras excepté, ressortissant à Bérenger « dans le Lodevois. Cela fait, le roi très pieux, de sa propre « volonté et de son bon gré, rendit, étant à Pontoise, un « pareil hommage à l'évêque pour Ceyras ». Et, après avoir indiqué que cet hommage est inscrit dans un *vieux*

cartulaire, Plantavit ajoute : « Le roi agit-il ainsi parce
« que Ceyras lui appartenait ou seulement, ce qui agréerait
« mieux, par esprit de piété et afin de confondre Bérenger
« par son humilité, c'est ce que nous ne savons pas. »

Nous croyons que l'acte que Plantavit vient de transcrire
est l'œuvre d'un faussaire ; on est étonné qu'un érudit tel
que lui s'y soit laissé tromper. Plantavit n'ignorait pas que
les rois de France prétendaient ne relever que de Dieu et ne
pouvaient, par conséquent, rendre hommage à personne.
Louis IX n'a pas dérogé à ce principe en faveur d'un évêque ;
malgré sa grande piété, il sut toujours faire respecter par
l'Eglise les prérogatives de la Royauté. Ajoutons que tous
les hommages rendus aux évêques de Lodève étoient, ainsi
que l'indique Plantavit, insérés dans un registre appelé
Registre des hommages ; l'hommage prêté à Guillaume de
Cazouls par saint Louis n'y figure pas, mais est rapporté
d'après un vieux cartulaire. En dehors de toute autre considération, ceci suffirait pour mettre en suspicion la réalité de cet
hommage qui aura, sans doute, été imaginé pour flatter les
évêques de Lodève.

Lorsque Bérenger III succéda à son père en 1249, il refusa
comme lui de rendre hommage à Guillaume de Cazouls et
offrit au jeune Louis, régent du royaume pendant que son
père était à la croisade, de reconnaître sa suzeraineté. Le jeune
prince accueillit favorablement cette offre (1253). Fort de
cette acceptation, Bérenger ne craignit pas de déclarer la
guerre à l'évêque ; il le fit prisonnier et il fallut l'excommunication lancée par le pape Alexandre IV pour amener le seigneur de Clermont à résipiscence ; il relâcha l'évêque et sur
l'injonction du Conseil de régence, qui avait admis l'appel fait
par Guillaume de Cazouls contre la décision du prince Louis,
Bérenger dut reconnaître la suzeraineté de l'évêque (1255).

Mais ce ne fut pas pour longtemps, car deux ans après (1257),
nous voyons Guillaume de Cazouls se plaindre aux enquêteurs royaux Pons de Saint-Gilles, Guillaume Robert et Guy
Foucaut que les hommes de la ville et de toute la terre de
Clermont refusent de le suivre dans ses chevauchées pour se
mettre à la suite du sénéchal de Carcassonne. L'affaire traîna ;
aussi, à l'avènement de Raymond Astolphe, successeur de
Guillaume de Cazouls en 1261, Bérenger lui reconnut bien
diverses terres que le nouvel évêque venait de lui donner en
fief, mais il ne rendit pas hommage pour Clermont. D'après
Plantavit, il l'aurait rendu en 1264, mais nous croyons cette
date erronée, car, l'année suivante, le sénéchal de Béziers et
de Carcassonne, Thomas de Montbéliard, voulant terminer
l'affaire de la plainte portée devant les enquêteurs royaux,
invita l'évêque de Lodève à comparaître ou à se faire représenter devant lui. Jean Gausbert, chanoine de l'église de
Saint-Geniez, se présenta pour l'évêque et exhiba au sénéchal
les concessions de Louis VII, de Philippe-Auguste et les
lettres adressées par celui-ci à Aymeri de Clermont en 1215
et 1216 (1).

L'affaire subit de nouveaux délais ; en 1271 seulement, le
sénéchal, qui était alors Guillaume de Cohardon, reconnut la
justesse des réclamations de l'évêque et ordonna que Bérenger
serait tenu de lui rendre Clermont et ses dépendances, Ceyras
excepté (2).

Le jugement de Guillaume de Cohardon ne fut pas ratifié
par l'un de ses successeurs. Philippe des Monts, sénéchal de
Carcassonne, obligea Bérenger IV de le suivre dans les chevauchées de la sénéchaussée, et de se reconnaître ainsi vassal

(1) *Bibliothèque de l'Ecole des Chartes,* t. 37, p. 381.
(2) Plantavit p. 211.

du Roi. Protestation de l'évêque qui cita Bérenger à sa cour pour qu'il suivit sa bannière. Le seigneur de Clermont s'adressa alors au roi pour savoir qui il devait suivre et s'il devait plaider devant la cour du sénéchal ou devant celle de l'évêque. L'affaire évoquée au Parlement de Paris, à la session de la Toussaint 1282, la Cour ordonna le renvoi au sénéchal qui déciderait en présence de l'évêque et du Procureur du Roi. La décision fut en faveur de l'évêque, car, en 1285, Bérenger lui rendit hommage.

Ce fut le dernier épisode de la lutte des seigneurs de Clermont avec les évêques de Lodève; dès lors, la suzeraineté de ceux-ci fut bien établie et l'hommage leur fut rendu sans difficulté. Un membre de la famille de Clermont seul résista encore.

Aymeri, seigneur de Lacoste, refusa de rendre hommage à l'évêque Déodat de Boussagues et il fallut qu'à deux reprises, en 1296 et en 1306, Philippe-le-Bel mandat au sénéchal de Carcassonne de forcer Aymeri de se reconnaître vassal de l'évêque.

Si l'ordre du roi fut exécuté, ce ne fut pas pour longtemps. Quelques années après, Aymeri se reconnut vassal du roi et lui rendit hommage en la personne du sénéchal. Appel de l'évêque au roi Philippe V (1319) qui ordonna au sénéchal d'examiner de nouveau l'affaire et de voir si l'hommage rendu au roi était contraire aux droits de l'évêque (1). L'arrêt fut favorable à l'évêque, car, dès ce jour, on ne trouve plus trace de résistance; la suzeraineté de l'évêque sur tout le Lodévois est reconnue.

(1) Plantavit p. 279.

VIII.

Filiation de Bérenger VI et de Déodat de Guillem,

seigneurs de Clermont.

Bérenger VI dont le règne a duré neuf ans au plus, 1351-1360, en admettant que Bérenger V qui testa en 1351 soit mort à cette date, a été confondu avec son prédécesseur ; et la filiation de son successeur Déodat a été inexactement rapportée.

Julien (p. 319) fait vivre jusqu'en 1360 le Béranger de la transaction de 1341 et lui donne pour successeur Déodat qu'il dit être (p. 328) l'arrière-petit-fils du seigneur qui fut chassé de Clermont en 1242. Or, comme le Bérenger de la transaction était lui-même arrière-petit-fils de ce dernier, il s'ensuit que Déodat serait le frère du seigneur qui transigea en 1341, et par conséquent le même que Déodat de Guillem, seigneur de Brusque, qui figure en 1346 dans l'approbation de la transaction. Et comme Julien (p. 342) prolonge le règne de Déodat jusqu'en 1418, celui-ci, qui en 1346 avait un fils émancipé âgé de 14 ans au moins, devait avoir lui-même 35 ans, en supposant qu'il se fut marié à 20 ans, Il serait donc né au plus tard en 1311, et aurait eu 107 ans en 1418.

Pithon-Curt fait aussi de Déodat le père du Bérenger de la transaction (1). — Du Mège, en parlant de Déodat (liv. 32,

---

(1) Pithon-Curt, t. II, pp. 85 et suiv., donne une généalogie des Guillem qui renferme de nombreuses erreurs.

p. 300) n'indique pas sa filiation. — De Barrau (t. 1, p. 576) rapporte simplement le passage de du Mège. — Durand (p. 157) dit que Déodat succéda en 1365 à *son père* Bérenger (celui de la transaction).

A notre avis : 1° Entre le Bérenger (V) de la transaction de 1341 et Déodat, il faut placer un autre Bérenger (VI) ;— 2° Celui-ci n'était pas le fils du précédent, mais bien son neveu ; — 3° Il fut le père de Déodat, seigneur de Clermont.

I. — Le 13 juin 1357, Bérenger, seigneur de Clermont, donna à la Ville la fontaine dite de Sarac. Dans l'acte de donation (1) Bérenger se dit *majeur de 25 ans*, sans être sous la puissance d'un curateur, et agit du consentement de Pierre de l'Isle, seigneur d'Avène. Le donateur ne peut donc être le Bérenger de la transaction de 1341, car celui-ci fut marié en 1306 avec la fille de Guillaume de Nogaret ; en le supposant marié à 20 ans, il aurait eu 71 ans en 1357. Il n'aurait donc pas cru devoir affirmer qu'il était majeur de 25 ans et qu'il n'avait pas de curateur. Pour que le donateur ait jugé bon d'insérer cette clause, c'est qu'il avait atteint sa majorité depuis peu de temps, ce qui concorde avec l'âge de Bérenger fils de Déodat de Guillem, seigneur de Brusque. Nous avons vu figurer ce Bérenger dans l'approbation de la transaction en 1346 ; il était alors émancipé et avait, par suite, plus de 14 ans, âge auquel l'émancipation pouvait être acquise ; il était donc majeur de 25 ans onze années après, en 1357.

II. — Béranger VI n'était pas le fils de son prédécesseur Bérenger V. Il est certain que celui-ci mourut sans enfant. Dans la transaction de 1341-1347, on voit figurer comme héritiers de Bérenger V ses frères : Déodat, seigneur de Brus-

---

(1) Voir Pièce n° VI.

que et Raymond de Guillem ; son neveu Bérenger fils de Déodat, d'autres parents encore, mais ni fils, ni fille, ni gendre. Son successeur fut donc son neveu, son frère puiné Déodat de Brusque étant sans doute mort avant lui.

III. — Déodat, seignenr de Clermont, régna de 1360 à 1418. Ce règne de 58 ans concorde avec l'âge que devait avoir Déodat à la mort de son père Bérenger VI. Celui-ci, ayant 26 ans environ en 1357, mourut à l'âge de 29 ans en 1360 laissant son fils en bas âge. Il est à remarquer que Déodat, seigneur de Clermont, possédait aussi la terre de Brusque ; il en avait hérité de son père Bérenger, héritier lui-même de son père Déodat seigneur de Brusque.

Les Bénédictins sont dans le vrai quand ils disent que Déodat était fils de Bérenger et que chacun d'eux avait été seigneur de Clermont, mais ils ne donnent aucune indication sur Bérenger. Nous avons vu que Bérenger V était mort sans enfant ; qu'il avait eu un successeur du même nom ; Déodat est donc le fils de ce dernier. Les Bénédictins ajoutent que Bérenger, père de Déodat, vivait encore en 1404. Le fait, quoique peu probable, ne serait pas impossible ; Bérenger VI, né vers 1330, aurait eu 74 ans en 1404 ; mais comme Déodat fut seigneur de Clermont dès 1360, il faudrait que son père lui eut cédé sa terre à cette époque. Sauf ce passage de l'Histoire de Languedoc, nous n'avons rien trouvé qui prouve l'existence de Bérenger VI après 1360, et nous pensons que les Bénédictins auront mal interprété le passage du manuscrit du marquis d'Aubaïs auquel ils ont emprunté ce que nous venons de rapporter.

IX.

Tristan I de Guillem, sa vie, ses alliances et l'époque de sa mort.

Dans son Histoire chronologique des seigneurs de Clermont-Lodève, Julien raconte (pp. 333 et suiv.) que Tristan, deuxième fils de Déodat seigneur de Clermont, étant passé en Hongrie à la suite du duc de Nevers pour assister l'empereur Sigismond contre les Turcs, est présent à la bataille de Nicopolis (1396). On est ensuite sans nouvelles de lui jusqu'en 1419, époque à laquelle il écrit de Lycie où il a conquis d'importantes possessions. Il s'est acquis l'amitié de Sigismond, empereur d'Allemagne et roi de Hongrie, et il a épousé Catherine des Ursins, sœur de Marie reine de Hongrie, du consentement de Guillaume de Baucio des Ursins, frère de la princesse, fils de Guillaume de Baucio des Ursins et de Marguerite de Luxembourg. La reine de Hongrie a constitué à sa sœur une dot de 25.000 ducats avec l'assurance de la principauté de Tarente. Plus tard, Tristan acquiert de la reine de Hongrie le château de Saint-Vide dans la principauté de Dronte et conquiert par les armes la cité de Palerme en Sicile. Ayant prêté 32,165 ducats de Venise à son beau-père Guillaume des Ursins duc d'Andrie, et celui-ci ne pouvant les rembourser, la reine Marie de Hongrie fait cession à Tristan de la comté de Brie en Champagne, à elle advenue par succession du comte de Brie, son oncle maternel. Tristan revient en France en 1433 (p. 334) avec cinq filles et un fils et meurt peu d'années après (p. 347). — Le récit de Julien est inexact tant en ce qui concerne le mariage de Tristan avec une sœur de la reine de Hongrie, que ce qui regarde la succession de la principauté de Tarente, ses conquêtes en Lycie, la cession de la comté de Brie, etc.

Louis I, dit le Grand, de la maison d'Anjou, roi de Hongrie et de Pologne, mourut en 1382 laissant deux filles, Marie et Hedwige. A la mort de son père, Marie fut élue *roi* de Hongrie, et épousa la même année Sigismond, électeur de Brandebourg, fils de l'empereur Charles IV de Luxembourg et de Anne de Silésie. Hedwige, deuxième fille de Louis I, fut élue reine de Pologne à la mort de son père et se maria à Jagellon, duc de Lithuanie. Ainsi donc aucune alliance de l'empereur avec une Baux-Ursin, ni de Tristan de Clermont avec la sœur de la reine de Hongrie. Pour arriver au mariage de Tristan, il faut reprendre un peu plus haut.

Raymondel des Ursins, Comte de Soletto dans la terre d'Otrante, épousa Marie d'Enghien, comtesse de Leccio (1), fille de Jean, sire d'Enghien, et de Marie de Brienne. Après avoir servi divers prétendants au trône de Naples, il obtint du roi Louis II la principauté de Tarente en 1398. Son oncle Raymond des Baux, comte de Soletto, se voyant sans enfants et dans un âge avancé, le fit son héritier à la condition de joindre à son nom celui de Baux. Raymondel mourut en 1405.

Après sa mort, le roi Ladislas, successeur de Louis, persuada à Marie d'Enghien veuve de Raymondel, de lui céder la principauté de Tarente, lui faisant espérer qu'elle deviendrait sa femme. Mais après cette cession, Ladislas manqua à sa promesse et tint Marie et ses enfants dans une sorte de capti-

(1) Pithon-Curt, IV, 289 et suiv.— Barthélemy, 4° tableau généalogique.

vité dont elle ne fut délivrée qu'en 1414, à l'arrivée de
Jacques de Bourbon, comte de la Marche, mari de la reine
Jeanne sœur de Ladislas.

Du mariage de Raymondel des Ursins des Baux avec Marie
d'Enghien, survinrent entr'autres enfants:

1 . Jean Antoine des Ursins des Baux, prince de Tarente.
2 . Catherine femme de Tristan Guillem de Clermont,
     Sa mère lui donna en dot le comté de Cupertino. Le
     mariage n'eut pas lieu en 1406 comme le dit Pithon-
     Curt (t. IV, p. 289); il ne peut être antérieur à 1414,
     époque de la mise en liberté de Marie d'Enghien.

Jean Antoine des Ursins des Baux, prince de Tarente,
n'ayant pas d'enfant légitime, fit son héritière sa nièce Isabelle de Clermont, fille de Tristan et de Catherine, et femme
de Ferdinand I, roi de Naples, qui réunit ainsi la principauté
de Tarente à la couronne.

Tristan, on le voit, n'a jamais été prince de Tarente; son
séjour en Lycie « royaume situé dans l'Asie-Mineure, entre
Pamphilie et Carye, où il s'y est revestu des despouilles de
ces estrangers : et mesmement des celebres villes de Patara
et de Myra. Qu'il s'y est rendu maistre de septante grandes
cités, etc. » (p. 343); son séjour en Lycie, disons-nous, n'est
pas plus réel. A cette époque, les Turcs occupaient ce pays.
L'auteur de l'Histoire des seigneurs de Clermont aura pris
pour la Lycie le comté de Leccio ou Lecce au royaume de
Naples, qui appartenait à Marie d'Enghien, belle-mère de
Tristan; c'est dans ce lieu sans doute que se trouvait Tristan
lorsqu'il écrivait à son frère Arnaud (pp. 335, 343) ou lorsqu'il faisait son testament (p. 347). Julien ajoute que Tristan
ne revint à Clermont qu'en 1433, il est certain que Tristan
étoit en France en 1424 et en 1431; peut-être est-il allé
dans le royaume de Naples après cette dernière date afin de

mettre ordre aux affaires qu'il avait dans ce pays et ne rentra-t-il à Clermont qu'en 1433.

Dans la chronique du règne de Tristan, nous avons dit que ses accordailles avec Louise de la Tour n'avaient pas été suivies d'un mariage. Baluze, après avoir énoncé les accordailles, ajoute (Histoire de la maison d'Auvergne, t. I, p. 325) que si le mariage fut effectué, il ne fut pas de longue durée, car Louise de la Tour fut accordée le 20 février 1433 (n. s.) avec Claude de Montaigu, seigneur de Coulches en Bourgogne, du sang royal de France, étant de la lignée masculine des anciens ducs de Bourgogne, sortis du roi Robert. Il est permis d'être plus affirmatif que Baluze; cet auteur nous en fournit lui-même le moyen (1).

Dans le contrat d'accordailles rapporté par Baluze (t. II, pp. 629 et suiv.), Tristan donne en douaire à Louise de la Tour le château de Saint-Gervais et 500 livres de rente ; et au premier-né de leur mariage, le château de Boussagues et 500 livres de rente. Dans le cas où Louise de la Tour deviendrait veuve et se remarierait, elle garderait le château de Saint-Gervais avec 300 livres de rente.

L'acte d'accordailles de Louise de la Tour avec Claude de Montaigu ne mentionne pas que Louise ait jamais été mariée ; en outre, la terre de Saint-Gervais est restée en la possession de la maison de Clermont, jusque vers la fin du XVIᵉ siècle. Ce sont là deux preuves que le mariage de Tristan avec Louise de la Tour n'a pas eu lieu.

Une troisième preuve se déduit de l'époque des secondes accordailles de Louise de la Tour (20 février 1433) ; à cette époque, Tristan de Guillem vivait encore ; car le 15 novembre 1433, les syndics des habitants de Caumont, convoqués

(1) Barthélemy : Charte n° 1802.

pour prêter serment à Guillaume des Baux, duc d'Andrie, exposent leurs doléances « au lieutenant de Guillaume Tristan, seigneur de Clermont-Lodève, gouverneur de tous les domaines du Comtat appartenant au duc d'Andrie. »

L'époque de la mort de Tristan peut être fixée en 1434 ou 1435; il eut pour successeur son fils Raymond qui mourut peu après et avant le mois de novembre 1436; à cette date, Pons de Caylus étoit déjà seigneur de Clermont. Il faut donc rectifier la date de 1432 donnée par l'Histoire de Languedoc (t. XI, p. 15) comme étant celle de la mort de Tristan; et celle de 1446 indiquée par un auteur moderne comme celle de son testament (1).

(1) La Roque : Armorial de Languedoc, généralité de Toulouse, t. I, p. 224.

X.

Armes des Guillem.

Les armes des Guillem étaient : Fascé de gueules et d'or (1) au chef d'argent chargé de cinq mouchetures d'hermine.

Lorsque Pons de Caylus hérita de la baronnie de Clermont, il prit le nom et les armes des Guillem (2). Ces mêmes armes étaient portées par les Clermont du Bosc.

Ces armes sont blasonnées dans deux documents officiels; le premier est l'ouvrage de Bejard publié en 1654 : « Recueil des titres et qualités, blasons et armes des seigneurs barons des Etats de la Province de Languedoc. » Dans ce recueil,

(1) Quand on n'indique pas le nombre des pièces, il faut supposer que c'est de six pièces.

(2) Il ne se contenta pas, ainsi que le dit Durand, p. 179, de mettre dans ses armes les hermines des Guillem, il prit leurs armes pleines.

l'écu des armes est surmonté d'une couronne de marquis (1).
Le deuxième est le dossier des Preuves de Malte de Pierre de
Clermont du Bosc, reçu Chevalier de Malte en 1682. (Archives des Bouches-du-Rhône : Preuves de Malte, dossier
nº 103). Ce dossier est en deux exemplaires ; à l'un d'eux est
jointe une feuille de parchemin sur laquelle sont peintes les
armes des Clermont, et celles des Roquefeuil, Montfaulcon,
Aiguillon, ancêtres de Pierre de Clermont.

Pithon-Curt (t. II, p. 110) les blasonne de même.

Une légère variante : « Fascé d'or et de gueules au chef
d'hermines » se trouve dans divers auteurs : Ciaconius, p.1373 ;
Frizon : Gallia purpurata, p. 552 ; Charles Segoing : Trésor
héraldique, p. 70 ; Mahul, t. VI, 1re partie, p. 281 ; La Chesnaye
des Bois, dans son Dictionnaire de la Noblesse ; de Barrau,
t. I, p. 538.

Le P. Menetrier : « Nouvelle méthode raisonnée du blason,
p. 241 » dit que Clermont-Lodève porte : « d'or à trois fasces
de gueules au chef d'hermines. »

Le P. Anselme : « Histoire des Grands Officiers de la Couronne », t. VII, p. 411, a donné une description erronée des
armes des seigneurs de Clermont. D'après lui, ils portaient :
« D'or à trois fasces de sable au chef d'hermines ». Cette erreur
a été reproduite dans l'Histoire généalogique des Pairs de
France de M. de Courcelles, t. V, article d'Estrées, p. 3. On la
trouve aussi dans le Catalogue des Chevaliers du Saint-Esprit,
p. 95, où sont gravées les armes des Lauzières-Thémines qui
écartelaient au 4 de Clermont.

Lorsque, en 1530, la succession des Caylus-Castelnau, seigneurs de Calmont, échut aux Caylus seigneurs de Clermont,
ceux-ci écartelèrent quelquefois leurs armes de celles des

(1) A cause du marquisat de Saissac appartenant aux seigneurs de Clermont.

Castelnau. Béjard, dans son « Armorial des barons des Etats de Languedoc », donne pour armes de Gabriel-Aldonce, comte de Clermont : « Écartelé au 1er et au 4 de gueules au chasteau d'or qui est de Castelnaux, première baronnie de Quercy; au 2 et au 3 d'azur au lyon d'argent qui est de Caumon ; le tout écartelé de Clermont-Lodève qui est fascé de gueules et d'or au chef d'argent chargé de cinq hermines. Supports : deux sauvages de carnation ceints et couronnez d'un feuillage de sinople, tenans chacun une massue élevée à la main. L'escu de ses armes est surmonté d'une couronne de marquis et environné d'une palme de sinople ou au naturel, nouées et jointes ensemble par le bas d'un ruban incarnadin. »

Les Guillem-Pascalis, seigneurs de Sainte-Croix au Comtat d'Avignon portaient : « Écartelé au 1 et 4 coupé de gueules sur azur, le 1er chargé d'une croix patée d'or et le 2e d'un chevron d'or accompagné en pointe d'un besan du même ; au 2 et 3 d'or à trois pattes de lion de sable. Sur le tout : fascé de gueules et d'or de huit pièces au chef chargé de cinq mouchetures d'hermines. » Ces armes sont peintes dans le dossier des Preuves de Malte de Gaëtan Xavier de Guillem-Pascalis. On voit que l'écusson placé sur le tout n'est autre que celui des Guillem de Clermont, sauf qu'il porte huit fasces au lieu de six.

XI.

François de Guillem, cardinal de Clermont. (1)

François de Guillem, deuxième fils de Tristan de Guillem, seigneur de Clermont, et de Catherine d'Amboise, naquit en 1480. Grâce à la haute situation de son oncle le cardinal Georges d'Amboise, il fit dans l'Église une fortune des plus rapides.

En 1497, il est prieur de Belmont au diocèse de Vabres (2), Le 2 août 1499, il est nommé abbé de Villemagne-l'Argentière par le pape Alexandre VI, malgré les religieux de cette abbaye qui avaient élu Tristan de Thezan. Il garda cette abbaye jusqu'en 1504. (3),

En 1501, il est archidiacre de l'église de Narbonne et, au mois de novembre de la même année, il est élu évêque de Saint-Pons de Thomières (4) n'étant âgé que de 21 ans. Il n'avait pas encore pris possession de son siège, qu'il fut élu

---

(1) Claude Robert, *Gallia Christiana*, p. 96, a fait du cardinal de Clermont deux personnages distincts : le premier vivant en 1416 et le deuxième nommé cardinal en 1503.

(2) Testament de Tristan de Guillem.

(3) *Hist. de Languedoc*, t. IV, p. 579.

(4) Ciaconius, p. 1373, dit que François fut évêque de Saint-Paul (Saint-Paul Trois-Châteaux en Dauphiné), d'où il passa à l'archevêché de Narbonne. Les continuateurs de Ciaconius, Victorelli et Ughelli, ajoutent avec raison qu'ils n'ont pas trouvé François sur la liste des évêques de Saint-Paul. — Celui-ci fut seulement administrateur de cet évêché, pendant le voyage que fit à Jérusalem le titulaire Guillaume Adhemar de Monteil. *Gallia Christiana*, t. I, p. 728.

Plantavit, p. 354, a commis la même erreur que Ciaconius.

archevêque de Narbonne, le 22 juin 1502, n'étant encore que diacre ; son élection fut confirmée le 15 juillet de la même année par le pape Alexandre VI qui, en lui accordant la dispense d'âge (François n'avait que vingt-deux ans), lui permit de conserver le prieuré de Belmont et deux autres prieurés en commende. Il fut pourvu peu après du prieuré de Notre-Dame du Parc au diocèse de Rouen (1).

Le pape Jules II, élu le jour des calendes de novembre (1ᵉʳ novembre) 1503 (2), tint un consistoire le 3 des calendes de décembre (29 novembre) 1503, dans lequel il créa quatre cardinaux dont le premier fut François de Clermont (3), cardinal prêtre au titre de saint Adrien (4), qu'il échangea peu après pour celui de saint Étienne au Mont Cœlius. Dès sa promotion, il vint à Clermont où il donna un bref d'indulgence en faveur de l'église de Notre-Dame du Peyrou (5). Il s'y désigne sous le nom de cardinal de Narbonne :

(1) *Hist. de Languedoc*, t. IV, p. 257.

(2) Onuphrius, p. 363.

(3) *Ibid.*, p. 365.

(4) Olduinus, t. III, p. 251. Il est le seul qui ait fait mention du titre de Saint-Adrien conféré au cardinal de Clermont lors de sa création. Tous les autres auteurs qui ont parlé du cardinal François ont passé sous silence son premier titre : (Onuphrius, p. 365. — Ciaconius, p. 1373. — Frizon, p. 551. — Denys de Sainte-Marthe, t. I, c. 1001. — *Histoire de Languedoc*, t. IV, p. 257. — Mas-Latrie, p. 1211). L'assertion de Olduinus est corroborée par le bref d'indulgence que Julien a inséré dans la chronique des seigneurs de Clermont et qu'on trouvera ci-après (Pièce VIII); dans cet acte, François se dit cardinal au titre de Saint-Adrien. — En outre, Durand, dans l'*Histoire de Clermont*, dit avoir en sa possession un sceau en cire rouge représentant un religieux devant un autel de la Sainte Vierge et portant avec les armes du cardinal la légende suivante : « Francisci Claromontis Cardinalis T. T. S. Adriani MCCCCCIII. » Il est à remarquer que Julien qui donne *in extenso* le bref d'indulgence accordé par le cardinal, bref qui porte la date de 1503, dit que François de Clermont ne fut élevé au cardinalat qu'en 1507.

(5) Voir Pièce nᵒ VIII.

« Franciscus miseratione divina tituli sancti Adriani presbiter cardinal Narbonensis vulgariter nuncupatus ».

En 1505, il contresigna avec le cardinal Georges d'Amboise, les ducs d'Alençon, de Longueville, etc., une demande de nouveaux subsides faite à la province de Languedoc par le roi Louis XII; dans cet acte il signe : le Cardinal de Clermont (1).

Le 4 juillet 1507, il fut transféré de l'archevêché de Narbonne à l'archevêché d'Auch (2), mais il ne prit possession de son nouveau siège qu'en 1511 (3); dès 1507, il avait été envoyé par le roi Louis XII auprès du pape Jules II (4). Il servit d'intermédiaire entre le roi et le pape dans les négociations qui amenèrent la guerre contre les Vénitiens. Après la défaite de ceux-ci à Agnadel, Jules II effrayé des progrès des Français, essaya de leur créer des difficultés et mit tout en usage pour aigrir Henri VIII d'Angleterre contre le roi de France. Louis XII se rendit à Lyon; là, apprenant que le cardinal de Clermont et les autres personnes chargées des affaires de France à Rome avaient irrité le pape par leurs discours et leur conduite, il résolut de les rappeler. Mais le cardinal d'Amboise étant mort sur ces entrefaites, (25 mai 1510) (5) Jules II se décida à déclarer la guerre à Louis XII, fit arrêter

(1) *Histoire de Languedoc*, t. XII, Preuves c. 344.
(2) *Ibid.*, t. IV, p. 257.
(3) Mas-Latrie, p. 1378. — Étant archevêque d'Auch, il unit le bénéfice de Saint-Martin de Cordes, au diocèse d'Auch, à l'abbaye des Bénédictines de Saint-Étienne de Gorjan de Clermont (Visite pastorale de Plantavit de la Pause).
(4) Pour tout ce qui concerne la mission du cardinal de Clermont auprès du pape Jules II et ses relations avec lui, cf. Guicciardini : *Histoire d'Italie*, liv. VII, chap. 1; liv. VIII, chap. 1, 5; liv. IX, chap. 2, 3; liv. X, chap. 1, 2, 5; liv. XI, chap. 4.
(5) Dans son testament en date du 31 octobre 1509, le cardinal Georges d'Amboise désigna son neveu le cardinal de Clermont pour l'un de ses exécuteurs testamentaires. — Legendre : Vie du cardinal d'Amboise, p. 459.

le cardinal de Clermont et le fit mettre en prison au château Saint-Ange, le jour de Saint Pierre (29 juin 1510). Le roi de France et son allié Maximilien, empereur d'Allemagne, décidèrent alors de réunir un concile pour faire échec à Jules II. Après l'entrée à Bologne des Français commandés par Trivulce et la défaite des troupes du pape, cinq cardinaux, dont trois Français et deux Espagnols, fixèrent au 1er septembre 1511 la tenue d'un concile à Pise pour la réforme de l'Église et celle du pape. Jules II rentré à Rome après la prise de Bologne, mit le cardinal de Clermont en liberté, mais à la condition qu'il ne sortirait pas du Vatican jusqu'à ce que les officiers et les prélats pris à Bologne fussent mis en liberté ; et qu'il ne pourrait sortir de Rome sous peine de payer 40.000 ducats dont il donnerait caution.

Quelque temps après, le pape lui permit pourtant de rentrer en France, mais il exigea sous la même peine qu'il ne pourrait se trouver au concile de Pise, et il dut souscrire la bulle de convocation du concile de Latran que Jules II voulait opposer au concile de Pise et dont il fixa la réunion au 1er mai 1512. La bulle est datée du 5 des calendes d'août (28 juillet 1511) ; François la souscrivit en ces termes : « Ego F. cardinalis de Claromonte manu propria. » (1). De retour en France en 1511, François prit possession de l'archevêché d'Auch, qu'il garda jusqu'en 1538 (2). En même temps, le 9 juillet 1511, il fut élu pour la seconde fois évêque de Saint Pons ; il résigna cet évêché en 1514 en faveur d'Alexandre Farnèse (3), depuis pape Paul III, et fut nommé légat du pape Léon X. En 1515, il fut élu évêque d'Alby par le chapitre, lors

(1). Frizon : *Gallia purpurata*, p. 551.
(2) Denys de Sainte-Marthe : *Gallia Christiana*, t. I, c. 1002.
(3) *Histoire de Languedoc*, t. IV, p. 421. — *Gallia Christiana*, t. VI, p. 250.

de la résignation de cet évêché par Charles Robertet en faveur de son frère Jacques Robertet.

Ce dernier maintenant son droit, il s'ensuivit un procès au Parlement de Toulouse que le roi fit évoquer au Parlement de Paris; celui-ci jugea en faveur de l'élu, malgré le Concordat que François Ier avait conclu avec le pape Léon X, dont l'un des articles enlevait l'élection des évêques aux chapitres pour en donner la nomination au roi. Devant l'irritation de François Ier, le cardinal de Clermont céda l'évêché d'Alby à Robertet en 1517 (1).

En 1521, il fut nommé abbé commendataire de l'abbaye de Villemagne dont il avait été pourvu une première fois; il eut pour concurrent Clément Cherny, abbé de Saint-Michel de Gaillac, qui avait été élu par quelques-uns des moines. Il conserva cette abbaye jusqu'en 1531 (2).

En 1523, il assista au conclave qui élut le pape Clément VII (3); et le 16 décembre de cette même année, il fut nommé à l'évêché de Tusculum qu'il conserva jusqu'à sa mort (4). L'année suivante — 1524 — il fut nommé à l'évêché de Valence en Dauphiné (5).

En 1526, le chapitre de Lavaur ayant élu François pour

---

(1) *Histoire de Languedoc*, t. XI, p. 208.

(2) Denys de Sainte-Marthe : *Gallia Christiana*, t. I, c. 1002. — *Histoire de Languedoc*, t. IV, p. 579. Dans la liste des abbés de Villemagne, l'*Histoire de Languedoc* fait deux personnes distinctes de l'abbé François de Clermont sous les numéros XXXI et XXXIV.

(3) Olduinus t. III, p. 441. François n'assista pas aux conclaves qui élurent Léon XII en 1513 (*Ibid.*, t. III, p. 411), Adrien VI en 1521 (*Ibid.*, p. 426), Paul III en 1534 (*Ibid.* p. 533).

(4) Mas-Latrie, c. 1166 : Liste des évêques de Tusculum. — La nomination du cardinal de Clermont à l'évêché de Tusculum est mentionnée par Olduinus; celui-ci ajoute qu'il n'a pas été évêque de Porto, ainsi que le dit Frizon, ni de Ostie, ainsi que le rapporte Aubery.

(5) *Ibid.*, c. 1509.

évêque de cette ville, Pierre de Clermont, son frère, écrivit à
Anne de Montmorency, gouverneur de Languedoc, dont il
était le lieutenant, pour le prier de demander à François Ier
de nommer son frère à cet évêché (1). Le roi refusa. En 1527,
François était légat à Avignon du pape Clément VII; c'est
sous ce titre qu'il est désigné dans le bref de béatification de
Pierre de Luxembourg et de Louis Allemand à l'obtention
duquel il s'était employé (2).

En septembre 1531, il permuta avec son neveu Antoine de
Vesc, l'évêché de Valence contre celui d'Agde qu'il conserva
jusqu'à sa mort (3).

En 1534, François était abbé de Saint-Aphrodise de Béziers.
La même année il fut nommé pour la troisième fois à l'évêché
de Saint-Pons, qu'il résigna en 1539 en faveur de son neveu
Jacques de Clermont (4). Il mourut à Avignon le 2 mars
1540 (5). A sa mort, il était doyen des cardinaux, légat du
Saint-Siège à Avignon, évêque de Tusculum et d'Agde. Il fut
enterré dans l'église des Célestins d'Avignon, près du pont de
Sorgues (6).

(1) *Hist. de Languedoc*, t. XII, Preuves c. 414 : Lettre du 5 novembre 1526 de
Pierre de Clermont à Montmorency.
(2) Frizon : *Gallia purpurata*, p. 552.
(3) *Hist. de Languedoc*, t. IV, p. 310. — Mas-Latrie, p. 1509.
(4) *Ibid.*, t. IV, p. 421.
(5) Onuphrius, p. 413.
(6) Ciaconius p. 1373. — Frizon, p. 552.

XII.

Sur un prétendu Alphonse de Castelnau, seigneur de Clermont.

Durand, dans son *Histoire de Clermont*, a intercalé entre Alexandre et Gabriel Aldonce seigneurs de Clermont, un Alphonse de Castelnau, aussi seigneur de Clermont, qui serait fils du premier et père du second. Voici ce qu'il en dit et sur quel texte il s'appuie pour en démontrer l'existence :

« Le roi (Louis XIII) étant venu à Montpellier, amnistia les seigneurs et les villes qui avaient suivi le duc d'Orléans (en 1632), et se contenta de faire abattre les principales fortifications. Trois ou quatre ans après, une autre guerre éclata ; mais celle-ci, plus éloignée de notre ville, ne lui inspira aucune crainte, et devint au contraire une occasion à notre comte, Alphonse de Castelnau, qui venait de succéder à son père Alexandre, de signaler son courage. Les Espagnols firent irruption dans le Roussillon ; le comte y marcha avec les troupes du roi et prit part à une action qui eut lieu contre eux à Leucate, etc. » *(Histoire de Clermont, p. 211)*.

Et à la page 256 du même ouvrage, en note :

« L'*Histoire de Languedoc* donne pour fils et pour successeur immédiat d'Alexandre, le comte Gabriel Aldonce. Mais par le mémoire du procès de 1679, on voit que Gabriel ne fut que le petit-fils d'Alexandre, et qu'il eut pour père et pour prédécesseur Alphonse de Castelnau, lequel régnait encore en novembre 1644.

L'assertion de l'auteur de l'*Histoire de Clermont* est erronée, et c'est avec juste raison que les Bénédictins n'ont pas placé Alphonse de Castelnau parmi les seigneurs de Clermont, car il n'a jamais existé.

L'erreur de Durand provient de deux causes : d'une autre erreur déjà commise par lui sur la durée des règnes d'Alexandre et de Gabriel Aldonce, et d'une faute d'impression dans un mémoire de 1679, fait pour un procès pendant entre le seigneur et les habitants de Clermont par devant le Parlement de Grenoble.

D'après Durand, Alexandre aurait été seigneur de Clermont jusqu'en 1636 (1), Alphonse de 1636 à 1644 *(Ibid.* p. 218), et Gabriel Aldonce de 1644 à 1692 *(Ibid.* p. 228); tandis qu'Alexandre mourut en 1621, son fils Gabriel Aldonce en 1657. En prolongeant jusqu'en 1692 la vie de Gabriel Aldonce, Durand supprime le règne de son fils Louis II et attribue ainsi au père les nombreux procès que le fils soutint contre la communauté de Clermont.

Le mémoire de 1679 énumère à la page 13 diverses quittances données par des seigneurs de Clermont : on y lit le passage suivant : « Elles (quatre quittances) sont passées par Alexandre de Guillem seigneur de Clermont *aïeul* du sieur demandeur, et la cinquième des dites quittances est passée par *Alfonse* de Guillem *père* dudit sieur demandeur. »

Durand, croyant que le procès était fait au nom de Gabriel Aldonce, seigneur, d'après lui, en 1679, en a conclu que Alfonse était le père de Gabriel, et que ce même Alfonse était fils d'Alexandre. S'il n'avait eu cette idée préconçue, il aurait vu qu'au lieu de *Alfonse* il fallait lire *Aldonse*, dont Louis, le

(1) La révolte du duc d'Orléans et de Henri de Montmorency, gouverneur de Languedoc, ayant eu lieu en 1632, l'avènement d'Alphonse de Castelnau qui eut lieu quatre ans après, suivant Durand, est reporté à l'an 1636.

demandeur dans le procès, était le fils et en même temps le petit-fils d'Alexandre.

Au reste, la lecture seule de l'énoncé du mémoire de 1679 aurait pu éclairer Durand. Cet énoncé est ainsi conçu :

« Avertissement pour les consuls, communauté et habitants de la ville de Clermont, diocèse de Lodève, évoqués et intimés en appel de la sentence des Requêtes du Palais du Parlement de Tolose du 20 avril 1666, contre messire *Louis* Guillem de Clermont de Castelnau, seigneur de Clermont et du duché d'Halwin, évoquant du Parlement de Tolose, appelant. »

XIII.

Louis III de Guillem, marquis de Saissac.

Louis de Guillem de Clermont, connu sous le nom de marquis de Saissac, eut une existence fort orageuse. Débauché, libertin, trichant au jeu, accusé d'empoisonnement, mais adroit, actif, intelligent, il fait figure dans le monde et à la cour. Madame de Sévigné, à diverses fois, le nomme dans ses Lettres, le duc de Saint-Simon dans ses Mémoires.

Quatrième fils de Gabriel Aldonce, comte de Clermont, cadet de cadets et n'ayant rien à attendre qu'une maigre part dans l'héritage paternel, Saissac prend le petit collet. Mais ne se trouvant pas propre à l'état ecclésiastique, il obtient un régiment de cavalerie, s'introduit dans le monde et, sous la régence de Mazarin, gagne au jeu, en trichant, des sommes énormes au financier Herwart (1). Entre temps, il est admis dans la bonne compagnie. « Nous avons vu à Fresnes (chez Mme du Plessis-Guénégaud) Cessac (2) » écrit Mme de Sévigné le 1er août 1667. Deux ans après, il achetait la charge de maître de la garde-robe du roi ; il ne la conserva que jusqu'en 1671. Surpris trichant au jeu du roi, il est obligé de la vendre. « Le roi commanda à Cessac de se défaire de sa charge et de sortir de Paris pour avoir triché au jeu et gagné 500.000 écus. » (3). Saint-Simon (Mémoires, t. 1, pp. 342-343)

---

(1) Walkenaer : *Mémoires sur Mme de Sévigné*, 3e partie, p. 75.
(2) C'est ainsi qu'écrit Mme de Sévigné ; Saint-Simon écrit : Seissac.
(3) Mme de Sévigné, lettre du 18 mars 1671.

raconte les détails de l'aventure : « Le roi (Louis XIV) dans ces temps-là jouait aussi fort gros jeu, et c'était le brelan qui était à la mode. Un soir que Seissac était de la partie du roi, M. de Louvois vint lui parler à l'oreille. Un moment après le roi donna son jeu à M. de Lorges à qui il dit de le tenir et de continuer pour lui jusqu'à ce qu'il fut revenu, et s'en alla dans son cabinet avec M. de Louvois; dans cet intervalle, Seissac fit une tenue à M. de Lorges, qu'il gagna contre toutes les règles du jeu, puis un va-tout qu'il gagna ne portant quasi rien. Le coup était fort gros. Le soir M. de Lorges se crut obligé d'avertir le roi de ce qui s'était passé. Le roi fit arrêter sans bruit le garçon bleu qui tenait le panier des cartes et le cartier. Les cartes se trouvèrent pipées ; et le cartier, pour avoir grâce, avoua que c'était Seissac qui les lui avait fait faire, et l'avait mis de part avec lui.

Le lendemain Seissac eut ordre de se défaire de sa charge et de s'en aller chez lui. »

Il alla passer quelque temps en Languedoc et, peu après, il obtint du roi la permission d'aller en Angleterre ; il y joua et gagna extrêmement (Saint-Simon, *ut suprà*). Ses relations avec le duc de Buckingham, favori de Charles II, lui facilitèrent son retour en France. Buckingham poussé par sa haine contre le duc d'Arlington, chef du ministère, et se défiant de Colbert qu'il croyait d'étroite intelligence avec son rival, envoya Saissac auprès de Louis XIV pour lui proposer de maintenir l'alliance française dans le Parlement, malgré le comte d'Arlington qu'il assurait être contraire. Il proposait de gagner les membres du Parlement moyennant une somme d'argent que Saissac offrait d'avancer sans en exiger le remboursement si on ne réussissait pas.

Saissac vint à Paris pour remplir sa mission au mois de septembre 1673 ; il s'y trouvait encore au commencement de

l'année suivante. « Savez-vous bien que le marquis de Cessac est ici, écrit Mme de Sévigné (lettre du 12 janvier 1674),
qu'il aura de l'emploi à la guerre et qu'il verra peut-
être bientôt le roi? C'est la prédestination toute visible. » La
mission de Saissac ne réussit pas; l'Angleterre et les Provinces-Unies signèrent la paix le 9 février 1674.

Saissac obtint néanmoins la permission de rester en France,
à la condition de se tenir hors de la vue du roi. Il s'établit à
Paris où il joua gros jeu. Bientôt le duc d'Orléans frère du
roi, et le Dauphin obtinrent que Saissac put aller jouer avec
eux à Saint-Cloud et à Meudon; il finit par être admis à Ver-
sailles et aux voyages de Marly sur le pied de joueur (Saint-
Simon, *ut suprà*).

Survint l'affaire des poisons. L'un des principaux accusés,
Le Sage, déclara dans l'interrogatoire qu'il subit le 29 octobre 1679, que le marquis de Saissac lui avait demandé ancien-
nement un secret pour gagner au jeu du roi; qu'il lui
demanda aussi les moyens de se défaire du comte de Clermont son frère, et d'entretenir sa belle-sœur dans les dispositions favorables qu'elle lui témoignait. Saissac, craignant
d'être arrêté, s'enfuit. Mme de Sévigné nous l'apprend
dans sa lettre du 31 janvier 1680 : « Cessac a suivi l'exemple
de Madame la Comtesse. » — la comtesse de Soissons qui
avait quitté la France sous l'accusation d'empoisonnement.

Cette fois Saissac resta plus de dix ans hors du royaume. Il
rentra en 1691, et un arrêt du Conseil d'Etat du 26 août de
cette année le renvoya devant la Chambre saisie de l'affaire
dite de la marine de Bourgogne, pour y purger sa contumace.
En attendant son jugement, Saissac entra à la Bastille le
4 septembre 1691; il y resta près d'un an, après quoi, ayant
été reconnu innocent, il en sortit le 25 juillet 1692.

Son frère le comte de Clermont étant mort cette même

année sans enfant, Saissac en hérita et se trouva à la tête d'une immense fortune. Quelques années après (en 1698) et déjà vieux — il avait soixante-six ans — il songea à se marier. Il épousa la dernière fille du duc de Luynes, « jeune et jolie qui, avec peu de bien, le voulut malgré la disproportion d'âge, dans l'espérance d'être bientôt veuve et de jouir des grands avantages de son contrat de mariage. » (Saint-Simon, *Mémoires*, t. I p. 342).

Saissac vécut jusqu'en 1705. Saint-Simon a fait son oraison funèbre : « Saissac finit son indigne vie, laissa une belle, jeune et riche veuve fort consolée qui perdit bientôt après le fils unique qu'elle en avait eu et hérita de tous ses biens. En lui s'éteignit l'illustre maison de Clermont-Lodève. Comme il avait la fantaisie de ne porter jamais aucun deuil, personne aussi ne le prit de lui, non pas même le duc de Chevreuse, son beau-frère. » *(Mémoires*, t. III p. 168).

XIV.

Possessions des Seigneurs de Clermont.

Les possessions des Seigneurs de Clermont comprenaient, outre la baronnie de ce nom, des seigneuries situées dans le Lodevois, dans les évêchés de Béziers, de Castres et de Carcassonne, en Rouergue et en Quercy. Leur nombre et leur importance ont varié suivant les époques. Dans la seconde moitié du XVIIᵉ siècle, elles s'augmentèrent de terres sises en Flandre.

Au commencement du XIIIᵉ siècle (1209), la baronnie de Clermont a pour limites le Salagou, la Lergue, l'Hérault et la Dourbie; elle comprend Clermont, Nebian, Brignac, Canet, Liausson, Mourèze, Lacoste, Salasc.

Les quatre premières localités ont toujours fait partie de la baronnie; Liausson en sortit en 1264 par la vente qu'en fit Bérenger III à l'Ordre de Saint-Jean-de-Jérusalem. En consentant cette vente, Bérenger n'abdiqua pas toute souveraineté sur Liausson; il stipula que les hommes de cette terre suivraient la bannière du seigneur de Clermont.

Mourèze était partagé entre plusieurs co-seigneurs dont celui de Clermont était le dominant et recevait l'hommage des autres. La co-seigneurie a successivement appartenu à des seigneurs connus sous le nom de Mourèze, à des cadets des Guillem de Clermont, aux Lauzières et aux Thezan.

Salasc fut donné en fief en 1209 à Aymeri II par l'évêque

Pierre de Lodève. Le refus d'Aymeri de se reconnaître vassal de l'évêque dut amener le retrait du fief, car l'évêque Raymond donna Salasc à Salomon de Faugères, Ginalfred et Auger de Mourèze, donation qui fut confirmée en 1252 par son successeur Guillaume de Cazouls. Quelques années après, le seigneur de Clermont rentra en possession de Salasc; ce lieu se trouve compris dans l'hommage que Bérenger III rendit à l'évêque Raimond d'Astolphe en 1270. Les possesseurs précédents gardèrent cependant quelques parties relevant directement de l'évêque, car en 1272 et en 1292, Bérenger de Mourèze et Auger de Mourèze reconnaissent tenir de l'évêque des manses situées dans la villa de Salasc. C'est sans doute à cause de cette partie du domaine que l'évêque Lelius de Cere se qualifiait en 1540 co-seigneur de Salasc. A partir de 1270, Salasc ne sortit plus de la baronnie de Clermont, mais les évêques de Lodève y conservèrent toujours une partie de la juridiction. En 1631, la seigneurie haute, moyenne et basse était indivise entre le seigneur de Clermont et l'évêque.

Lacoste fut détaché de la baronnie après le milieu du XIIIe siècle pour former une seigneurie particulière appartenant à une branche de la famille de Clermont (1)..

Dans les diverses terres composant la baronnie de Clermont se trouvaient nombre de petits fiefs appartenant à des particuliers, à des communautés religieuses, au Chapitre de Lodève, à l'Ordre de Saint-Jean de Jérusalem, etc. Tous ces possesseurs de fiefs n'avaient que des directes, et sauf dans Mourèze et Salasc où la justice était indivise, le seigneur de Clermont était haut justicier dans toute la baronnie.

Dès le XIIe siècle, les Guillem possédaient dans le haut Lodévois: le Bosc, Saint-Privat, Esparrou, les Plans, Parlages.

---

(1) Voir le chapitre : *Les Seigneurs de Lacoste.*

Le premier possesseur connu est Bérenger I; son fils Aymeri II en fit hommage en 1184 à l'évêque de Lodève. Après cette date, on ne les trouve plus mentionnés; Le Bosc rentra plus tard dans une branche collatérale de Clermont.

Deux terres contiguës aux limites de la baronnie en firent partie au XIIIe siècle, Ceyras et Celles. Ceyras confisqué par Louis IX sur Pierre de Bermond d'Anduze, qui en 1242 avait suivi le parti de Raymond VII comte de Toulouse, fut donné par le roi à Bérenger II. Ceyras resta en possession des seigneurs de Clermont de 1243 à 1275, et passa alors dans la branche des seigneurs de Lacoste. Celles appartenait aux Guillem seigneurs de Clermont en 1255; mais bientôt ce village devint un fief d'une branche collatérale représentée en 1271 par Paul de Clermont.

Dans l'évêché de Béziers, les Guillem possédèrent Puylacher, Caux et Gignac. Puylacher, en 1182, fit partie du douaire de Marie-Navarre de Montpellier, femme de Aymeri II. Après cette date, on ne le trouve plus mentionné; il est probable qu'il fit partie des terres des Clermont seigneurs de Belarga. Gignac, d'après Julien, aurait été confisqué sur le comte de Toulouse et acheté en 1209 par Aymeri II au prix de deux cent mille sous melgoriens. Aucun document ne confirme ce dire; mais vers 1260, une partie de la seigneurie de Gignac appartient à Pierre et à Aymeri de Clermont.

Avant 1346, Bérenger V acheta de son cousin Bérenger de Guillem une part de la seigneurie de Caux; l'autre appartenait au roi. Bérenger V est le seul seigneur de Clermont qui se soit qualifié co-seigneur de Caux; peut-être après lui le roi acheta-t-il sa part de seigneurie.

Le mariage de Bérenger IV avec Alix, fille du seigneur de Boussagues, vers 1280, fit entrer dans la maison de Clermont la terre de Saint-Gervais et la vicomté de Nebozon. En 1401,

Aymeri, seigneur de Boussagues, n'ayant pas d'enfant, légua à Déodat de Guillem toute sa terre qui comprenait : Boussagues, Neyran, Castanet et Saint-Maurice de Rougas.

Saint-Gervais resta dans la maison de Clermont jusqu'à la fin du XVIe siècle ; cette terre fut donnée en dot à Françoise de Clermont, fille de Gui II, mariée à Claude de Thezan, seigneur de Venasque et de Saint-Didier. Le Nebozon appartenait encore aux Clermont au milieu du XVIIe siècle. Louis, qui fut plus tard Louis II, seigneur de Clermont, portait en 1645 le titre de vicomte de Nebozon (1). Dio relevait du Nebozon, il est mentionné dans le testament de Tristan II en 1497 ; c'était encore un arrière-fief de la vicomté en 1645. (2).

Boussagues resta dans la maison de Clermont jusqu'à son extinction ; cependant dès le milieu du XVIIe siècle, une partie de la terre appartenait aux Thezan.

Les seigneurs de Clermont eurent de bonne heure des possessions dans le Rouergue. En 1195, Aymeri II donna à l'Ordre de Saint-Jean de Jérusalem tout ce qu'il possédait à Sainte-Eulalie. La même année, il exempta du droit de leudes le monastère de Nonenque. Cette exemption fut confirmée un siècle après par Bérenger IV, ce qui prouve que les seigneurs de Clermont étaient encore seigneurs du pays environnant. Au commencement du XIVe siècle, Bérenger IV rendit hommage au roi Philippe VI pour Brusque et Murasson (1316). Brusque appartenait encore aux seigneurs de Cler-

---

(1) Nous n'avons pu déterminer d'une manière précise les limites de la vicomté de Nebozon ; nous croyons cependant que ce pays correspondait au canton actuel de Saint-Gervais. Ce qui est certain, c'est que Saint-Gervais et Saint-Geniez en faisaient partie au Xe siècle. En 966, Matfred duc de Narbonne et Adélaïde sa femme donnent par testament à leur fils Ermengaud l'alleu de Nebozon, excepté Saint-Geniez et l'église de Saint-Gervais. (*Hist. de Languedoc*, t. V, Preuves c. 255).

(2) Jullien, p. 32.

mont à la fin du xvᵉ siècle, avec d'autres terres situées également dans le diocèse de Vabres. Dans son testament fait en
1497, Tristan II se qualifie seigneur de Brusque, Melagues,
Pensio et Proenques. Il était aussi seigneur de Fayet. Fayet
fut donné en dot à Jacquette de Clermont, fille de Gui II, lors
de son mariage avec Jean V d'Arpajon en 1589. Brusque était
passé au commencement du xvⁱᵉ siècle dans la famille de
Rodez-Montalegre et, en 1553, par mariage, dans celle de
Corneillan. Jacquette de Clermont l'acheta le 7 mai 1633 à
Jeanne Roquette de Corneillan, femme de Raymond de Sau-
nhac, baron d'Ampiac (1).

Les domaines de la maison de Clermont ne s'accrurent pas
lorsque les Caylus succédèrent aux Guillem ; Pons de Caylus
était un cadet qui ne possédait rien. Mais cent ans après,
en 1530, la mort de Jean III de Castelnau, cousin issu de
germain de Pierre seigneur de Clermont, fit celui-ci héritier
des grands biens des Castelnau : la baronnie de Castelnau de
Bretenoux, première baronnie du Quercy, et la baronnie de
Calmont d'Olt en Rouergue. Cette dernière comprenait la
ville d'Espalion qui en était le chef-lieu, SaintCome, Flaugeac,
Alayrac, Biennac, Aunac, Roquelaure, Mandailles, Castelnau-
les-Bosses, les Chuns et le château de Calmont, situé près
d'Espalion, qui donnait son nom à la baronnie (2). Au
xvⁱⁱᵉ siècle, une partie de ces terres passa dans la maison de
Bérenger par le mariage de Louise de Guillem, fille de Gabriel
Aldonce seigneur de Clermont, avec Charles de Bérenger
marquis de Montmaton. Leur fille Marie-Louise les fit entrer
en 1692 dans la maison de Bourbon-Malause, par son mariage
avec Gui-Henri de Bourbon, marquis de Malause (3). L'autre

---

(1) De Barrau, t. I, p. 413.
(2) Affre : *Simples récits historiques sur Espalion*, p. 28.
(3) Affre : *Lettres sur l'histoire de l'arrondissement d'Espalion*, t. I, p. 162. —
Dussieux : *Généalogie de la maison de Bourbon*, p. 72.

partie resta dans la maison de Clermont jusqu'à son extinction et, après elle, vint aux Luynes.

Le mariage de Gui II avec Aldonce de Bernuy, en 1565, apporta un grand accroissement aux possessions des seigneurs de Clermont. Aldonce était, par sa mère Marguerite de Carmaing et de Foix, vicomtesse de Rodde et de Lautrec et dame de Saissac. Quelques années après, Jean de Bernuy, vicomte de Venetz, frère d'Aldonce, étant mort sans enfants, la vicomté de Venetz échut à celle-ci. Saissac, Venetz et Lautrec restèrent dans la maison de Clermont jusqu'à son extinction. Saissac se trouvait encore dans la maison de Luynes à l'époque de la Révolution.

Enfin le mariage de Louis II, en 1662, avec Anne de Saint-Baussan, héritière de la maison de Margival (1), rendit les seigneurs de Clermont possesseurs des terres de l'ancien duché d'Halwin (2).

Madame de Saissac héritière des biens de la maison de Clermont, se vit disputercet héritage par le comte de Caylus, de la même famille que les Clermont-Castelnau. Monsieur

(1) Les Margival étoient une branche de la maison de Saint-Baussan. (Lachesnaye des Bois : *Dictionnaire de la Noblesse*).

(2) Henri III, en 1587, érigea en duché-pairie la terre d'Halwin en Flandre en faveur de Charles de Halwin, seigneur de Piennes, mari de Anne de Chabot. Ils eurent un fils Florimond, tué du vivant de son père en 1592, et une fille Suzanne mariée à Nicolas de Margival. Florimond laissa un fils, Charles, mort à l'âge de sept ans en 1598, en qui s'éteignit la duché-pairie, et une fille, Anne, mariée à Charles de Schomberg.

Louis XIII, en 1620, fit une nouvelle érection de Halwin en duché-pairie en faveur d'Anne d'Halwin et de son mari. Ils moururent sans enfants, Anne en 1641, Schomberg en 1656. La pairie fut éteinte de nouveau.

Suzanne de Halwin, mariée à Nicolas de Margival, eut un fils nommé Florimond de Margival, qui prit le nom de Halwin, tous les mâles de cette famille étant morts. (P. Anselme : *Grands Officiers*, t. III, pp. 900 et suiv.). — Nous pensons que Anne de Saint-Baussan de Margival, qui épousa Louis II de Clermont, était la fille de Florimond.

de Caylus perdit un premier procès devant le Parlement de Toulouse. Il restait néanmoins plusieurs procès sur ces terres tant contre Monsieur de Caylus que contre quelques autres. Le duc de Chevreuse, à qui Madame de Saissac avait donné tous ses biens, transigea avec tous ses adversaires, et abandonna au comte de Caylus la terre de Venetz et 70.000 livres d'argent — février 1753 (1).

(1) *Mémoires du duc de Luynes,* t. XII, pp. 366-367.

XV.

Sur l'origine de la famille Clermont du Bosc.

D'après Mahul (Cartulaire de Carcassonne, t. ɪᴠ, p. 310),
« en 1317, un descendant de Pierre le Noir, ou Nigri, seigneur de la Redorte au diocèse de Carcassonne, fut héritier de
Jourdain de Clermont, seigneur du Bosc, et donna naissance,
par Jean le Noir son second fils, à la famille de Clermont du
Bosc (1). Cette branche, connue pendant près de 400 ans sous
ce dernier nom, s'éteignit dans la personne de Philippe de
Guillem de Clermont, vicomte du Bosc, qui ne laissa que
deux filles. »

Monsieur de Basville, dans ses « Mémoires pour servir à
l'Histoire de Languedoc », énumérant les principales familles
de la province, dit en parlant de la maison de Clermont
(p. 110) : « Cette maison est connue ; elle est ancienne et
illustre. *Le vicomte du Bosc est de cette maison.* »

M. de Barrau (Nobiliaire du Rouergue, t. ɪ, p. 542) suit la
même opinion; d'après lui, l'auteur des vicomtes du Bosc est
Pierre, fils d'Antoine de Guillem, celui-ci issu du mariage de
Pons de Caylus-Castelnau, seigneur de Clermont, et de Gerentone de Poitiers.

(1) Jourdain de Clermont, qui fit son héritier Pierre le Noir, n'était pas seigneur
du Bosc, mais de Malavielle ; le Bosc appartenait alors aux Vailhauquez. La
transmission de l'héritage ne fut faite que postérieurement à 1317 ; à cette date, le
seigneur de Malavielle était Paul de Clermont, de la famille des Guillem, ou son
père. Voir ci-dessus le chapitre : *Les Seigneurs de Malavielle.*

On se trouve ainsi en présence de deux versions bien tranchées. D'après Mahul, les seigneurs du Bosc, depuis leur origine jusqu'à leur extinction au XVIIIe siècle, sont des Nigri adoptés par un Clermont-Guillem ; d'après MM. de Basville et de Barrau (qui n'ont eu en vue que les seigneurs du Bosc depuis la seconde moitié du XVe siècle, époque à laquelle les Caylus devinrent seigneurs de Clermont), les seigneurs du Bosc sont issus des Clermont-Caylus.

Il est certain que les premiers Clermont seigneurs du Bosc étaient Nigri ; Jean de Clermont, *alias* Nigri qui, en 1417, rendit hommage au roi pour la Redorte, est bien le même que Jean de Clermont, seigneur du Bosc et de Malavielle, qui reçut en 1419 les reconnaissances de ses vassaux.

Le seigneur du Bosc que l'on rencontre après Jean de Clermont, est Amalric. On trouve dans les registres des notaires de Lodève de nombreux actes dans lesquels il comparaît. Dans presque tous (achats, terres données en nouvel acapte, lauzimes) il est dénommé : « Nobilis scutifer Amalricus de Claromonte, dominus de Bosco Avoyracii. ». Mais dans trois de ces actes, en date des 23 octobre 1479 et 29 octobre 1491, reçus par Jacqueri, et 31 octobre 1493, reçu par Nozeris, Amalric est dit : « nobilis Amalricus de Claromonte, alias Nigri, dominus de Bosco Avoyracii ».

Les actes de son successeur Sicard portent tous la dénomination : « Nobilis Sicardus de Claromonte, dominus de Bosco Avoyracii, » mais la filiation de Sicard est bien établie par la charte de fondation de la chapelle du Bosc, dans laquelle il se dit : « nobilis scutifer Sicardus de Claromonte dominus castri et juridictionis de Bosco avoiracii Lodovensis diocesis, *filius* et heres universalis defuncti nobilis Almarici de Claromonte domini, dum vivebat, ejusdem castri de Bosco avoiracii. » Le dernier acte de Sicard que nous ayons trouvé est en date du 1er février 1518 (1519 n. s.). C'est une lauzime en faveur de son parent Jean de Montfaucon, seigneur de Vissec (Vidrinis, notaire de Lodève). Jusqu'en 1519, les seigneurs du Bosc sont donc Clermont-Nigri.

Après Sicard, on trouve Fulcrand de Clermont qui étoit seigneur du Bosc le 17 décembre 1521 ; mais sans que rien indique qu'il fût fils de son prédécesseur. S'il n'étoit pas son fils, c'est dans cette courte période de moins de trois ans, — 1er février 1519 à 31 décembre 1521 — qu'il faudrait placer, suivant de Barrau, Pierre de Clermont-Castelnau qui serait alors le père de Fulcrand. Pierre pourrait être devenu seigneur du Bosc par un mariage avec une fille de Sicard, ou par achat, ou par héritage.

La conformité des armes des seigneurs du Bosc avec celles des seigneurs de Clermont ne fournit aucune preuve en faveur de l'une ou l'autre opinion sur l'origine de la famille du Bosc. De même que les Caylus, en succédant aux Guillem de Clermont, avoient pris leurs armes, les Nigri avoient pris celles des Clermont de Malavielle qui étoient également Guillem. Amalric Clermont-Nigri, seigneur du Bosc, plaça ces armes à la voûte de l'église de Merifons.

On ne peut davantage tirer une conclusion de ce que les deux derniers seigneurs du Bosc, Fulcrand et Philippe Joseph, prirent le nom de Guillem de même que les Nigri avaient pris les armes des Guillem, ils avaient bien pu prendre leur nom, qui leur appartenait au même titre qu'aux Caylus-Castelnau.

En l'état, il est impossible de se prononcer. Jusqu'en 1519, les seigneurs du Bosc sont des Clermont-Nigri ; à partir de 1521, la question reste ouverte jusqu'à ce que de nouveaux documents permettent de combler la lacune entre ces deux dates.

Ajoutons qu'après l'extinction des familles de Clermont et du Bosc, le titre de Comte de Clermont-Lodève fut pris par Charles Joseph de Nigri, seigneur de la Roquenegade, issu des seigneurs de la Redorte, qui fut président de l'ordre de la noblesse de la sénéchaussée de Carcassonne réuni pour l'élection des députés aux Etats-Généraux en 1789 (Mahul, Cartulaire de Carcassonne, t. II p. 580 : Procès-verbal de l'assemblée de la noblesse de la sénéchaussée de Carcassonne).

La vicomté du Bosc fut achetée par Guillaume Castanier d'Auriac, déjà seigneur de Clermont. Cet achat eut lieu avant 1726. Le 15 avril de cette année, le nouveau seigneur du Bosc affermait les revenus féodaux et les censives de sa terre à Jean Rigaud et Jean Benoit au prix de 2700 livres. (Bonafous notaire de Lodève).

XVI.

Sur Raymond Guillem, tige des Guillem du Comtat.

Pithou-Curt, dans la généalogie qu'il a donnée des Guillem-Pascalis établis au Comtat-Venaissin (1), a voulu identifier Raymond Guillem de Clermont, chef de cette branche, avec Raymond Guillaume ou Guillem, seigneur de Budos, neveu du pape Clément V.

D'après lui, Bérenger de Guillem, seigneur de Clermont, épousa, en 1249, Mathilde ou Marquise de Goth, fille de Beraud de Goth, seigneur de Vilhaudran au diocèse de Bordeaux, et sœur de Bertrand de Goth, depuis pape Clément V. De ce mariage, trois fils : Bérenger seigneur de Clermont qui fit la transaction de 1341-1347; Dieudonné (Déodat) de Guillem *co-seigneur* (2) de Clermont, et Raymond. Raymond fut nommé Recteur ou Gouverneur de Benevent par le pape Clément V son oncle maternel, le 7 avril 1307. Le roi Edouard d'Angleterre lui fit don de la seigneurie de Budos au diocèse de Bordeaux par le ministère de Gautiner évêque de Wigorn, de Jean de Bretagne comte de Richemont, et d'Aymeri de Valence comte de Pembroke, ses agents et commissaires à la cour du Pape, sous la réserve de l'hommage aux ducs de Guyenne et la redevance annuelle d'une lance à fer doré. Cette donation fut faite par lettres données à Avignon le 15 mai 1309, et confirmée par le roi Philippe-le-Bel à Paris en 1311. Clément V donna à Raymond, le 16 septembre 1309, la charge de recteur ou de maréchal de l'Eglise

(1) T II, p. 93.

(2) Déodat n'a jamais été co-seigneur de Clermont ; il était seigneur de Brusque en Rouergue.

Romaine dans le Comtat-Venaissin ; il est qualifié dans ce bref : *Nobilis vir Raimundus Guilhermi, dominus de Budos.* Le 24 juillet 1314, Raymond Guillem, seigneur de Budos, et son cousin Bertrand de Goth entrèrent à Carpentras avec une troupe armée, sous le prétexte d'emporter le corps de Clément V leur oncle ; ils pillèrent la ville et forcèrent les cardinaux réunis en conclave à en sortir. Le 10 février 1321, Raymond de Budos acheta la baronnie de Portes-Bertrand au diocèse d'Usez, de Guillaume de Randon (Polignac). Raymond fut marié trois fois :

1. à Esclarmonde de la Motte, dont entr'autres enfants : André de Budos, tige des barons de Budos et marquis de Portes ;

2. à Cécile, dite Rascasse de Baux, par contrat du 28 décembre 1314, dont trois fils n'ayant pas laissé de postérité masculine ;

3. à Laure Bermond, dont plusieurs fils ; l'aîné Bertrand de Guillem forma la branche qui prit dans la suite le nom de Guillem-Pascalis.

Raymond de Guillem testa le 19 avril 1323, laissant ses biens aux enfants des deux premiers lits. *Quarante ans après,* il fit un second testament dans un âge fort avancé, comme il le dit lui-même, le 10 avril 1363, dans lequel il se qualifie : « Nobilis Raimundus Guilhermi alias de Claromonte, miles, rector hujus patriæ comitatus venaissini. » Il paraît par ce testament qu'il avait eu d'autres femmes que Laure Bermond, et il institua pour son héritier le fils aîné qu'il avait eu de celle-ci. — Tel est le récit abrégé de Pithon-Curt.

Si maintenant on se reporte à l'Histoire de la maison de Montmorency, de Duchêne — publiée en 1624 — on voit que du temps de Philippe le Bel, Raymond de Budos, fils de Pierre de Budos, épousa la sœur de Bertrand de Goth (Clément V).

Leur fils Raymond Guillaume, baron de Budos, seigneur de Caron, Lauriol, au comté Venaissin, fut nommé gouverneur d'Avignon par son oncle Clément V et acquit en 1321 la baronnie de Portes-Bertrand. Il épousa successivement Esclarmonde de la Motte et Cécile de Baux. La dernière descendante et héritière de Raymond Guillaume de Budos épousa en 1593 Henri de Montmorency gouverneur du Languedoc, et fut la mère de Henri de Montmorency décapité à Toulouse en 1632. Ainsi, dans cet ouvrage, pas de trace d'une sœur de Bertrand de Goth mariée à Raymond de Guillem.

Dans la généalogie de la famille de Goth donnée par le P. Anselme, t. II, p. 173, on ne trouve qu'une fille, sœur de celui qui fut le pape Clément V, mariée à Raimond de Budos ; on n'y voit pas figurer Mathilde qui aurait été mariée en 1249 à Bérenger de Guillem, seigneur de Clermont.

Les Guillem-Pascalis, avant Pithon-Curt, avaient voulu identifier Raymond Guillaume de Budos et Raymond Guillem de Clermont. Lorsque Gaëtan Xavier de Guillem-Pascalis, en 1723, fit ses preuves pour être admis dans l'Ordre de Malte, il produisit devant les commissaires de l'Ordre, le chevalier de la Bastie et le chevalier du Guast, la copie des patentes concédées par le pape Clément V à Raymond Guillaume de Budos, par lesquelles celui-ci est déclaré recteur du Comtat, lettres datées du prieuré de Groseau près Malaucène, le 16 septembre 1309. Il produisit également le statut du Comtat imprimé en vieux langage, par lequel il appert que noble Raymond Guillermis, seigneur de Budos, chevalier, était recteur du Comtat en 1311, et un exemplaire imprimé de la transaction faite entre Bérenger de Guillem seigneur de Clermont, frère de Raymond Guillermis, et les habitants de Clermont, en 1341-1347. Comme Gaëtan-Xavier présentait en même temps aux commissaires le testament original de Raymond Guillem de Clermont dans lequel le testateur se dit « ci-devant recteur du pays du Comtat pour N. S. P. le Pape », on voit qu'il voulait identifier Raymond de Budos et Raymond de Clermont. Les commissaires n'avaient pas à juger cette question, mais simplement à vérifier si le postulant possédait les huit quartiers de noblesse exigés par les statuts de l'Ordre.

Pithon-Curt a pu être induit en erreur par ces pièces dont il a connu l'existence, surtout par celles où il est question de la dignité de recteur du Comtat que paraissent avoir possédé Raymond de Budos et Raymond de Clermont ; mais il n'a pas remarqué que ce dernier, tout en indiquant dans son testament qu'il a été recteur du Comtat, ne dit pas que c'est sous le pontificat de Clément V ; et que, s'il paraît d'après cette même pièce, qu'il avait eu d'autres femmes que Laure Bermond, il se tait sur leurs noms. Pithon-Curt n'a pas remarqué davantage, que près d'un siècle se serait écoulé entre l'époque du mariage de Bérenger de Clermont avec Mathilde de Goth en 1249, et la transaction de 1347 ; et enfin que le testament de leur fils Raymond en 1363 aurait été postérieur de 114 ans à la date de ce même mariage.

Pour nous, Raymond de Clermont et Raymond de Budos sont deux personnes distinctes. Les trois frères de la transaction de 1347 n'étaient pas les fils de Bérenger seigneur de Clermont en 1249, mais bien ses petits-fils. Nous ne connaissons pas le nom de la femme de Bérenger III seigneur de Clermont de 1249 à 1274. Son fils Bérenger IV (1275-1317) épousa Alix de Boussagues, vicomtesse de Nebozon, et fut le père de Bérenger V seigneur de Clermont, de Déodat seigneur de Brusque, et de Raymond Guillem, tige des Guillem du Comtat.

PIÈCES.

I.

Vente faite par Agnès et son mari au maître de la maison de Nebian

des Hospitaliers de Saint-Jean-de-Jérusalem.

7.

Notum sit omnibus hominibus tam presentibus quam futuris quod ego Agnes et vir meus Raymundus Ferrandi et infantes nostri simul donamus et concedimus cum consilio Guillelmi Alafredi et Raimundi fratris ejus domino Deo et sancto hospitali de hiersolomitano ad servitium pauperum et tibi Guillelmo ospitalario et successoribus tuis pro salvatione animarum nostrarum parentumque nostrorum duas faxias terræ qui sunt in terminio Nibiani in perpetuum ad abendum. Istas faxias quem (*sic*) prediximus sunt ad fontem maure et abent affrontaciones ex parte altano justa terras Raimundi scilicet vineas ejus, et ex aura narbonensis in terram Guillelmi Petri Bittere. Et ex parte circii in alodem ipsius ospitalis. Et per istas faxias supra dictas, tu Guillelme ospitalari dedisti nobis jam predictis xLv solidos melgorienses bonos et optimos. — Hujus rei sunt testes Guillelmus de Camprigna, Guillelmus de Costa et Petrus Ricardi de Poieto et Poncius de Viridiario. Cum hoc donum fuit factum tunc dominabatur Arnaldus prior ospitalis sancti Egidii et Bernardus de Podio quod adunabat elemosinas pauperum. Factum est hoc per fidem sine ullo malo ingenio. Anno domini mcxlvii.

(*Archives des Bouches-du-Rhône*. Fonds de Malte, Grand Prieuré de Saint-Gilles, liasse 345, domaine de Nebian).

II.

Vente d'une vigne faite par Paul Roux à Pierre de Nize,

hospitalier de la maison de Nebian.

156. In nomine Dei ego Pontius Rufi et ego Aldiardis uxor ejus, nos ambo simul in unum bona fide et sine inganno cum consilio Petri de Nibiano vendimus et titulo vendicionis tradimus Domino Deo et hospitio Iherosolimitano de Nibiano et tibi Fulchoni de Niza ejusdem loci hospitalerio et successoribus tuis hospitaleriis presentibus et futuris illam peciam terræ plantatam vineis et arboribus cum suis pertinenciis que est desub furno teulemo que afrontat ab aura narbonensi in orto ipsius hospitalis ab altano et ab aquilone in campo Deodati petri, a circio in terra Poncii de Maderiis. Et est sciendum quod pro precio supradicte venditionis, tu predicte Fulcho dedisti nobis L solidos melgoriensos bonos ita quod nullus ex eis aput te remansit in debito. Et Petro de Nibiano predicto seniori dedisti viii^to solidos melgorienses et iiii^or dinarios de laudaturis. Hanc predictam venditionem ego Petrus de Nibiano cum spontanea voluntate laudo et confirmo tibi predicto Fulconi hospitalerio et tuis successoribus hospitaleriis et predicto hospitali nunc et in perpetuum exceptis duabus mathis de holivariis quas ibi habeo, et excepto uno holivario quem ibidem habeo in alio loco, et excepta medietate aliorum arborum presencium et futurarum. Et excepto carto aliorum fructuum quos inde perceperitis. Et si forte evenerit ut predicti holivarii mei mortui fuerunt et ibidem in ipso loco alii holivarii exierunt in radicibus ut aliter, debeo inde medietatem habere sicuti de aliis. Factum est hoc anno Domini M^o C^o L^o V I^o rege Lodovico regnante sub mense Madio. In presentia Geraldi de Ortis presbiteri, Deodati de Nibiano, Raimundi de Sancto Vicencio, Geraldi de Balma, Berengarii de aula, Geraldi clerici de Nibiano, Bernardi de Sancto Christophoro. Bertrannus scripsit. (*Archives des Bouches-du-Rhône, ut suprà*).

III.

Donation faite par Pierre, évêque de Lodève, à l'ordre de St-Jean de Jérusalem, des églises de St-Julien et de St-Vincent de Nebian.

1157. Presenti scripto notificetur omnibus hec intelligentibus quod ego Petrus Lodovensis ecclesiæ episcopus communicato consilio. ;. . ante dictæ ecclesiæ canonicorum, concedo et dono sancto Johanni atque pauperibus Iherosolimitani hospitalis et tibi Raimundo magistro hospitalis et tibi Guichardo priori sancti Egidii et tibi Fulconi procuratori domus de Nibiano et successoribus vestris, ecclesias scilicet sancti Juliani et sancti Vicentii de Nibiano cum decimis, premitiis et oblationibus et cimeteriis et cum omnibus generaliter ad ipsas ecclesias pertinentibus, salvo tamen michi et successoribus meis quartone et synodo et episcopali reverentia per omnia, et salvo tertio et parata canonicis, pro quibus si suis temporibus soluta non fuerunt, licebit canonicis ipsas ecclesias ab omni divino officio interdicere. Notandum tamen quum sacerdos qui in dictis ecclesiis decantabit, sive fuerit de ipsa domo hospitalis sive aliunde, semper suscipiet curam animarum per manum Lodovensis episcopi et inter erit synodis aliisque conventibus suis. Item sciant quod nunquam aliquis de episcopatu Lodovensi. . . . . in cimiteriis de Nibiano exceptis pro propriis parrochianis nisi ille qui renunciaverit seculo et sese dom. . . . . tradiderit habitumque inde susceperit ; salva tunc tamen consuetudine illius ecclesiæ cujus parrochianus ille fuerit. Preter ea ego Raimundus custos hospitalis et ego Guichardus prior sancti Egidii et ego Fulco prememorati communicato consilio fratrum hospitalis promittimus per nos et per successores nostros tibi Petro ante dicto episcopo quod nunquam privilegium seu rescriptum aliquod contra tenorem hujus pactionis impetremus. Promittimus etiam quod si quid in privilegiis nostri domus que modo habet ut in futurum, deo propitio, habebit, continetur seu continebitur contra hanc pactionem, nos ut successores nostros adversus hoc pactum nunquam eis usuros. Ego Guillelmus archidiaconus laudo et confirmo hoc. Et ego Petrus Aicbranni sacrista similiter. Et ego Raimundus de Cantobre. Et ego Guillelmus de Rocosello. Et ego Bernardus Ugonis. Et ego Raimundus Guitberti. Et ego Bernardus de Albaqua. Et ego Guillelmus de bello loco. Acta sunt hæc aput Lodovam in porticu domini episcopi in manu et per manum ipsius episcopi V Kalendas novembris anno incarnacionis divinæ M° C° L° V I I°. Presente Guichardo prememorato priore qui mandato Raimundi magistri et custodis hospitalis Iherosolomitani hoc donum a domino prememorato episcopo et a prelibatis canonicis suscepit. In presentia Fulconis procuratoris domus de Nibiano et in presentia Guillelmi capellani prioris et Bremundi medici de Narbona et Petri lauri et Johannis de liquisza et Petri de baltio et Guillelmi capellani et Benedicti sacerdotis et Guiraldi de Nibiano qui hec scripsit die et anno quod supra cum supra scriptione none et decime regule.

(*Archives des Bouches-du-Rhône, ut suprà*).

IV.

Donation de Aymeri II, seigneur de Clermont, à l'ordre de

St-Jean de Jérusalem.

Certum sit cunctis quod ego Aimericus de Claromonte pro me et pro omnibus meis cum hac carta modo et in perpetuum dono domino Deo et hospitali Iherosolimitano et tibi Bertrando de Amilavo priori ospitalis beati Egidii et tibi Raimundo de Claromonte existenti magistro domus ospitalis de Nibiano et fratribus ibi Deo servientibus tam presentibus quam futuris videlicet quidquid habeo vel possideo seu visus sum habere et possidere ego vel pater meus vel aliquis nomine nostro in villa sanctæ Eulaliæ ; domos scilicet vel homines vel feminas, herema et condiricta, pascua et riparias, culta et inculta, ad ultimum omnia jura mea quecumque ibi habeo dono vobis pro alodio pro redemptione animæ meæ et parentum meorum. Et promitto vobis pro me et pro successoribus meis quod quidquid habeo in predicta villa vel in ejus terminiis semper pro posse meo faciam habere et possidere et ab omni inquietante vite defendam. Adhuc tamen sciendum sit quod ego Aimericus predictus dono corpus meum domino Deo et ospitali Ierosolimitano et tibi Bertrando de Amilavo priori ospitalis beati Egidii pro fratre, scilicet in vita et in morte; ita tamen quod si contigerit in vita mea, domino annuente, secularem vitam me velle dimitere et spiritualia adherere possi abitum fratrum accipere et crucem que in Christi nomine fratribus deferri statuta est mihi assumere. Si tamen in hac seculari miseria quod Deus aut at me mori contigerit, reliquo corpus meum ad sepeliendum in cimiterio de Nibiano. — Et ego Bertrandus de Amilavo servus pauperum. Ierosolimitani ospitalis consilio Raimundi de

Claromonte magistri domus de Nibiano et aliorum fratrum ibi existencium recipio te Aimericum predictum in fratrem et participem spiritualium et terrenalium bonorum sic supra scriptum est. Et promitto tibi et domui de Nibiano injungo quod semper unum sacerdotem in predicta domo habebimus et tenebimus, quem divina ibi celebrabit officia pro redemptione animæ tuæ et parentum tuorum. — Actum fuit hic anno divinæ incarnacionis MCLXXXXV rege Philippo in mense januarii. In presentia Stephani de Ferrussaco capellani de Caneto, Petri de podio, Bernardi Ugonis, Petri Macfredi de Costa, Guillelmi Bertrandi, Raimundi de campo lungo, Raimundi doctore, Guillelmi Aicfredi, Guillelmi Adami, Bernardi Amalberti, Bernardi Furnerii, Petri Blanchi sacerdotis, Bernardi Cairoli, Bernardi de Gadel, Petri Arnaldi notarii qui scripsit. — Domina Navarra uxor predicti Aimerici laudavit hec apud podium lactucarium. In presentia Petri Gisberti, Petri Raimundi de Nibiano, Guillelmi de Umissano capellani, Guillelmi Nigri, Petri Asmundi, Guillelmi de Foderia. Petrus Arnaldus notarius scripsit.

(*Archives des Bouches-du-Rhône, ut suprà*).

V.

Vente de la Seigneurie et juridiction de Liausson faite par Bérenguier de Guillem au Commandeur de Nebian de l'Ordre de Saint-Jean de Jérusalem.

1264.
(n. s.)

Anno incarnacionis domini millesimo ducentesimo sexagesimo tertio, domino Lodoyco rege francorum regnante et scilicet x° Kalendas februarii testimonio hujus publici et autentici instrumenti in perpetuum valiens et omnibus hominibus manifestum tam presentibus quam futuris hanc presentem cartam inspecturis et.... audituris quod ego Berengarius Guillelmi dominus Clarimontis per me et per meos præsentes parentes et futuros, bonà fide, omni dolo et fraude carentibus et remotis, vendo, laudo, cedo et concedo et cum hoc publico instrumento in perpetuum valituro titulo bone et firme perfecte atque irrevocabilis venditionis trado vel quasi trado vobis fratri Jaucerando preceptori domus hospitalis sancti Johannis de Nebiano et predicto hospitali et omnibus quibus vos vel vestri successores dare vendere vel impignorare vel quælibet alio modo alienare volueritis ad omnes voluntates vestras et vestrorum inde plenarie faciendas, videlicet villam de Laussono cum omnibus suis pertinenciis et juribus et introitibus et exitibus suis prout includunt confrontationes infra et supra, homines et feminas in predicta villa existentes et in ejus pertinenciis, et dominium, et laudimium, concilium, forescapium et accapitum. Quo confrontatur ex una parte cum via quo itur de Claromonte versus Euzeriam, ex alia cum via qua itur de Durbia versus Lodovam et transit per amenhas; ex alia cum territorio de moresio, ex alia cum rivo cabrerio. Item vendo vobis et domui hospitalis modo quod supra quemdam faxiam

que est infuza et confrontatur ex una parte cum tenedone meo sicut
aqua vergit et.... cum tenedone Arnaudi de Euzeria. Ex alia cum
via qua itur de Claromonte versus Euzeriam ; ex alia cum tenedone
dicti hospitalis. Et merum et mixtum imperium omnium predictorum et merum imperium similiter illius tenedonis quem habuistis pro
domo de monte Laussono et generaliter quidquid habeo vel habere
possum aliquo modo seu aliqua ratione in omnibus et singulis supra-
dictis. Excepto tamen et retento tamen michi et meis successoribus
ost et cavalcata prout alia terra mea exiret. Ita videlicet pro vos et
vestri successores ad amonitionem meam et meorum successorum
debetis facere dictum host et dictam cavalcatam a dictis hominibus
dictarum villarum. Hanc autem tradicionem vobis et dicto hospitali
pro precio quinque milium solidorum melgorensium quos a vobis
nomine dicti hospitalis et pro ipso habui et recepi integre numerando.
In quibus exceptioni non numerate ac non tradite pecunie ego certa
sciencia renuncio. Quod precium confiteor esse justum. Et si hec
venditio plus valet aut in posterum plus valebit precio supradicto,
totam illam valenciam vobis et dicto hospitali dono cedo et concedo
ex mea mera liberalitate et vera donatione inter vivos, nulla actione
vel causa ingratitudinis querenda. Volens et concedens vobis et
vestris successoribus quod possetis ingredi possessionem corporalem
omnium universorum et singulorum predictorum auctoritate vestra
propria, me vel meis nullithenus requisitis vel etiam demandatis et
eam possessionem aprehenderitis. Ego iterum confirmo me vestro
nomine et possidere nulla pocessione penes me vel meos aliquathenus
retinente vel etiam remanente. Et si culpa mea vel meorum vel jure
quod aliquis ibi habeat vel habere debeat quanquam vobis vel vestris
jure evictum allatum vel amparatum fuerit vel dicto hospitali, ego
promitto vobis et dicto hospitali totum illud plenarie resarcire et pro
evictione et amparamanto et particulari obligo et..... vobis et vestris
successoribus et dicto hospitali... et omnia bona mea. Promittens quod
contra prædicta vel contra aliquod prædictorum non veniam nec venire
faciam nec aliquis alius arte mea vel ingenio, concilio vel auxilio meo
si deus me adjuvet et hec sancta dei evangelia a me corporaliter gratis

tacta. Ultimo omnia predicta universa et singula promitto me tenere et observare et nunquam contra venire ut superius dicta sunt et notata et melius si melioribus seu..... dici dictam..... intelligi vel excogitari possunt ab aliquo sapiente ad nostri et nostrorum successorum valitatem et dicti hospitalis sub dicto juramento. Sub quo sacramento renuncio omni juri canonico et..... generali et speciali et etiam municipali legi, usui et consuetudini et juris et facti ignorantiæ et juri ingratitudinis et specialiter et expresse illi juri quo conatur quod contractus minoris precii recindatur aut quod deest justo precio suppleatur et omni..... auxilio divino et humano per quod contra predicta vel contra aliquod predictorum venire vel..... seu deffendere me possem. Horum omnium fuerunt testes Bernardus Raymundi de Bosco. Guillelmus Bedocii jurisperitus. Raimundus Bonioli. Stephanus Vallete et ego Guillelmus Paolhini notarius Clarimontis qui hec omnia supradicta universa et singula scripsi et signum meum apposui.

(*Archives des Bouches-du-Rhône, ut suprà*).

VI.

*Donation de la fontaine de Sarac faite par Bérenger VI,
seigneur de Clermont, aux habitants de cette ville.*

L'an mil trois cens cinquante sept reignant Jean par la grace de
dieu roy de France et le quatorziesme jour du mois de juin scachent
tous presans et advenir que nous Brenguier de Guilhen seigneur de
la ville de Clermont et de toute la baronnie certifions de notre propre volonté et serement presté sur les quatres saincts evangilles que
nous sommes maieur de vingt cinq ans sans estre soubs la puissance
d'aucun curateur et par expres consentement et conseil du noble
seigneur Pierre de lisle chevallier et seigneur Davene et..... (1)
nostre frère icy presantz, considerant et desirant la decorāon et
utillité de nostre dicte ville de Clermont et de la chose publique
pour nous et nos heritiers et successeurs presantz et advenir tout
dol et fraude cessant tout droict canon et civil subtillités et pre-
somptions proces et autres choses qu'il pourroit causer en tout
et en partie la resscession ou retratāon de presantes donnons louons
cedons et concedons par tiltre de pure parfaicte gracieuse et irrevo-
cable donnation simple qui est dicte entre les vivans à vous mes
biens aimez m^{tre} pierre grave et andre Villaret premier et second
conseulz de ladicte ville de Clermont presantz pour tous et pour
pierre del roine troixiesme conseul abssent et coniontement a vous
m^{tres} brenguier maffre et pierre rigaud notaires public dudit Clermont pour ledict conseuls abssent et tous autres qu'il appartiendra
qui ont et auront ad lavenir interet. Et stipulant et acceptant comme
personnes publiques pour le decorement utillité et commodité de la
dicte ville sçavoir lusage explectation et aqueduc de la fontaine

(1) Le manuscrit porte : *et leddit nostre frère*, ce qui n'offre aucun sens. Peut-
être faudrait-il lire : *et Louis nostre frère*.

située au lieu public vulguerement appellée de sarac au chemin
public et droict que va droictement dudict Clermont a nostre lieu
de nebian à ce pacte que vous dictz conseulz presantz et vos successeurs a lavenir au nom de la dicte communauté de Clermt puis-
siez et fassiez et vous soit permis sans nostre licence et authorité ni
de nostres faire ediffier a lhonneur decoration et utillité publique
un greffoulz et abbrevages leau de la dicte fontaine I soit conduicte
et I antre par de canaux fistulles conduictz ou autre moyen qu'il
plairra a la dicte communauté presantement et à lavenir de faire faire :
au nom de la dicte communauté et a lornement de la dicte ville ;
et si vous voulez faire conduire la dicte eau vers lantrée au portal
du dict clermont sçavoir jusques à la croix qui est prosche du
chant qui est vulguerement appellé la bessane ou jusques au puis
qui est pres de la dicte croix ; voulons et entendons et consedons en
vertu de presante donnaön qui vous soit permis a vous conseulz et
vos successeurs a lavenir au nom de ladicte communauté de plain
droict de faire conduire ladicte eau au susdict lieu par canalz et l'
faire dresser des griffoulz et abrevadoires pour lutillité de ladicte
communauté et decoration de ladicte ville ; et d'autant que ladicte
eau est assez cappable pour arouzer des prés si a lavenir ontz en
faict audict chant et pour lutillité dudict chant ou de prés quond l'
pourroit faire l' sera permis de faire ce que vous treuverez mieux et
vos successeurs a lavenir saubz et reserve que les eaux qui sevade-
ront dudict pré ou desdictz abbrevages et fluera deors relevera de
nostre directe ce que nos dictz conseulz avons accordé et ainsi le
voulons et consedons. et nos dictz seigneurs faisons la presante
donnaön a vous dictz conseulz stipullantz et acceptantz pour lamour
et dilection affecteuze que nous vous portons continuellement et a
toute ladicte communauté laquelle nous cherissons et pour lutillité
et decoration de la republique qui doit estre preferée a tout droict
particulier ; voulons et concedons nous ditz seigneurs de Clermont
a vous ditz conseulz pour vous et vos successeurs conseulz et a toute
la susdicte communauté puissance liscence et authorité de prendre
possecion corporelle de tout ce dessus quand il vous plaira et de

prendre ladicte fontaine et la faire conduire comme si dessus
conformement a ce dessus le retenant pour vous au nom de pre-
caire nous en divertissant totallement pour nous et nos successeurs
saubz et retenu à nous le droict de directe renonçant nous ditz
seigneur de Clermont a tout droit et action contraire voulant de
surplus vous preferé et ladicte communauté a tous autres promet-
tantz nous ditz seigneur de Clermont a vous ditz conseulz stipullantz comme dessus que nous ne viendrons ni ne consentirons ni ne
permettrons par nous ni par personne interposée de droict et de
faict promettons inviolablement dobserver tout ce dessus de toutes
lesquelles choses susdictes lesdictz conseulz ont requis leur estre
faict et expedier instrument public par nous notaires soubz escritz :
fait et recité dans ledict Clermont maison dabitaōn de guilhaume
rouviere de Clermont tesmoings mᵗʳᵉ Jean Roumerj docteurs ex
droitz Jacques Boisseri de lodeve pierre garsi seigneur directe de
pecherguie dioceze de Besierz bertrand brun habitant de Clermont
mᵗʳᵉ bernard fabri notaire diavene mᵗʳᵉ pierre rigaud notaire public de
Clermont mᵗʳᵉ brenguier maffre notaire dudict clermont qui ay
receu en notte le presant instrument et moi raymond peirolaire
notaire dudict clermont qui ay escrit fidellement le presant instrument.

Au dos on lit : Transasion et donasion de Monsʳ le compte aux
abitans de Clermont, *et à la suite d'une autre main :* de leau de la
Coutellerie. (1).

---

(1) Cette pièce est la copie d'une traduction faite au commencement du
xviiᵉ siècle; nous la devons à l'obligeance de M. Souvier ainé, de Clermont-
l'Hérault.

VII.

Testament de Tristan II de Guillem, Seigneur de Clermont.

Au nom de Nostre-Seigneur ainsi soit-il. L'an de la nativité du Christ mille quatre cens nonante sept et le samedy pelnultieme jour du mois de septembre, environ les neuf heures avant midy, regnant le serenissime prince seigneur nostre sire Charles par la grace de Dieu roi des François, sachent tous et chacuns les presens et fucturs quy veront, liront et ouiront. Dautant que le verbe de Dieu le père, Nostre Seigneur Jésus-Christ estant sur le gibet de la croix, avant qu'il voulleut subir la mort corporelle, nous a enseignié la forme de tester et nous a donné un religieux exemple de la maniere qu'il a fait en recomandant son esprit à Dieu le père et en laissant la vierge Marie sa mère à son très cher apôtre Jean. Et comme tout action de Christ doit nous servir d'instruction, de là la sainte mère Eglize à l'imitaōn du même Christ nostre sauveur nous a tracé un exemple de faire un testament ; et parce que tout homme constitué en la chair ne peut éviter la mort corporelle, quil ny a persone quy puisse se soustraire du jugement de Dieu, que l'heure de la mort estant incertaine doit toujours estre suspecte à un esprit prudent, et que, tandis que le corps est en parfaitte santé, l'esprit reculez interieurement en luy meme doit uzer d'une raison plus entière parce que l'homme affligé de la fragilité de la nature ne pense point à ce qu'il doit penser. C'est pourquoy l'Excelant et magnifique puissant seigneur Tristan Guillem de Clermont, chevalier, seigneur des lieux de Clermont de Lodève, de Diane (Dio) et de Boussagues (diocèze) de Béziers, de Saint-Gervais et de Castanet diocèze de Castres, de Melage, de Arnaque,

de Lausiaco, de Brusque, de Pensio et de Proenque et de Ville-
frede diocèze de Vabre et vicomte de Nebozan, sain d'esprit et
d'entandement, pensant par la grâce de Dieu à ses derniers jours,
aprehendant le jugement divin et creignant la mort et les peines
de l'enfer, voulant, souhaitant, dezirant, ainsi qu'il l'a plusieurs fois
deziré, de pourvoir uttilement au salut de son âme et de dispozer et
ordonner de son âme, corps et de ses domaines, biens, chozes et
facultés quelconques presentes et fuctures, affin que sur les mesmes
chozes il n'arrive après sa mort quelque proces entre ses enfants
héritiers ou successurs quelconques (ce quy pouroit putaitre ariver
à l'avenir), mu et exité par cette consideration en la presance toutte
fois et à la vetie du reverand père en Christ et seigneur Louis
d'Amboize (1) par la grace de Dieu evêque d'Alby et le reverand père et seigneur Antoinne de Clermont (2) par la grace de
Dieu et du Saint-Siege apostholique, prothonotaire et abbé commandataire perpetuel des vénérables et devots monasteres de Saint-
Martin-de-Villemagne diocèze de Beziers et de Saint-Thibery du
lieu de Saint-Thibery diocèze d'Agde, a fait, estably, ordonné et
disposé son dernier testament et sa derniere volonté, comme aussy
la dispozition de ses domaines et biens quelconques mubles et
immubles, chozes et droicts et actions, ainsy et en la maniere et
forme suivante, voulant, commandant et ordonnant que tout ce quy
sera et se trouvera icy dans son present testament et derniere volonté,
escript, legué, dispozé et ordonné, soit à l'avenir perpetuellement,
inviolablement observé, et qu'il sorte a plain et entier effet. Et
parce que ce quy appartient à Dieu doit toujours passer avant les
chozes humaines, en premier lieu comme un veritable chretien et
fidelle ortodoxe, ayant fait premierement par luy meme le signe
de la sainte croix contre l'entier enemy de la nature humaine et
en ce munissant d'icelluy signe de la croix et renonçant à cest
enemy malin, à touttes ses pompes et ses œuvres, en disant ainsy
et en profferant de sa propre bouche ✠ Au nom du père, du fils,

(1) Beau-frère de Tristan.
(2) Grand oncle maternel de Tristan.

du Saint Esprit ainsi soit-il. A donné, offert, rendeu et a humblement recomandé son ame et son corps au très haut Dieu nostre-seigneur Jesus-Christ et à la très glorieuze vierge Marie sa mère et à toute la cour des citoiens célestes, à l'assemblée desquels il dezire que son ame soit heureuzem' placée et qu'elle soit participante de leur société. Elisant la sépulture de son corps dans la chapelle de la bienheureuze Marie de son couvent des frères precheurs de Clermont et au cotté gauche de l'autel de lad^e chapelle et au pied de l'image de la bienheureuse Catherine. Et c'est quand il arrivera que par la permission divine son âme sera délivrée de ses biens et que led. seigneur Tristan de Guillem testatur viendra à mourir et à partir de ce miserable ciecle. Et s'il arrive que led. seigneur testatur decede on mure dans led. lieu de Saint-Gervais, il a voulleu et par expres ordonné que son corps soit ensevely dans l'eglize paroissiale dud. St-Gervais et devant l'autel de la bienheureuze Marie de cette eglize, et que dans le même lieu soit faitte sa sepulture et nuvaine honetement et louablem'. Et s'il decede allieurs, a voulleu que son corps feut porté aud' Clermont et à l'endroit dont il a esté cy dessus parlé et où il a ordonné d'etre enteré; leguant pour cella, laissant et prenant des biens que Dieu luy a donné, et pour la remission, remède et salut de son ame, de ses péchés, et des ames des seignieurs ses parans et de ses autres biens facturs deffunts quels qu'ils soint, sçavoir est soïxante livres tournois de monoye courante pour estre delivrées et distribuées en ses sépulture, nuvaine et boud'an et dans le reste de ses funerailles et obceques. Voulant et ordonnant qu'il soit baillé et délivré sur lad. somme de soixante livres à tous et à chacun des pretres quy assisteront en sesd. sepulture, nuvaine et bout d'an, sçavoir : quatre doubles de monoie courante chaque fois qu'ils y assisteront ; et au moyen de quoy lesd. pretres seront tenus de cellebrer des messes de Requiem et de prier Dieu et de faire d'autres pieuzes et devotes prieres pour les âmes du meme testatur et des seigneurs ses parans et des autres ses biens facturs et amis deffunts et fideles à Jésus-Christ, pour lesquels il entant et est tenu de prier Dieu. De plus led. seigneur testatur a legué et laissé aud. couvent et aux freres precheurs du même couvent de Clermont pour aumone et cauze pieuze, sçavoir est : La somme de trente-deux livres tournois de monnoye courante pour leur estre payée et à leur couvent annuellement par son heritier universel cy-apprez nommé, compris néantmoins dans lad. somme de trente-deux livres, quatorze livres tournois annuelles acquizes autre fois par led. testatur des consuls et communauté de lad. ville de Clermont, sçavoir sur le four commun de lad. ville. Pour cauze toutes fois du dessain et de l'intension de la messe cy dessous déclarée pour estre instituée et fondée par le meme testatur et estre ditte et celebrée de la maniere cy appres exprimée, ensemble avec deux chappes de drap d'or ducment faittes et certains autres biens et chozes données et leguées par excelant et puissant feu seigneur Pons Guillem de Clermont son père, à eux et à leurd. couvent dans son dernier testament pour la fondation d'une certaine autre messe ; lesquels biens, à la vérité, lesd. freres precheurs ont teneu et possédé depuis longtemps et tienent et possedent encore ; et ont meme eu et ressu dud. seigneur Pons Guillem son defunt pere lesd. chapes, et ont cependant reffuzé et differé, et reffuzent encore et different de dire et celebrer lad. messe ; comme aussy ont refucté et quitté led. leguat ainsy qu'il a dit et assuré qu'il en counste par led. testament dud. feu seigneur Pons Guillem et par instrument public reçeu et pris en note par discret homme Me Antoine de Pallissa notaire roial de la ville de Clermont soubz l'année et jour y contenus ; comme aussy a dit qu'il counstoit du reffus fait par eux de dire et celebrer lad. messe par instrument publiq de requisition à eux faites par le même de Palissa, led. instrument pris et ressu en notte par led. de Palissa soubz l'année et jours y contenus. Car led. seigneur testatur a legué et laissé touttes les chozes cy avant especiffiées aux susd. freres precheurs de Clermont et à leur couvent pour une messe quy sera ditte et celebrée louablement et devotement tous les jours à haute voix par l'un desd. frères precheurs à l'honneur de

la très heureuze et glorieuze vierge Marie en la chapelle fondée pour
celebrer sa mémoire, priant le père prieur et tous les autres freres
precheurs dud. couvent de faire en sorte que quatre novisses ou
freres precheurs de plus junes dud. couvent assistent en chantant à la
celebration de lad. messe. Comme aussi a legué les susd. chozes
pour faire et dire chaque jour une absoute sur son toumbeau et celui
desd. seigneurs ses parans immediatement apprès la celebration de
lad. messe ; lesquelles trente-deux livres tournois il a, à la verité,
assigné auxd. freres precheurs et à leur couvent pour estre à eux
paiée et par eux exigées et levées annuelement et chacune année
tant sur la susd. nouvelle acquisition par led. testatur (comme il a
esté dit) faitte sur led. four de la ville de Clermont que sur les
herbages ou paturages du lieu et juridiction de Melages dioceze de
Vabre, lesquels led. seigneur testatur a depuis peu acquis des habitans desd. lieu et juridiction au moyen de l'instrument public pris
et reçeu en notte par moy notaire soubz escript soubz l'année et jour
y contenus, led. instrument sur ce passé entre led. seigneur testatur, ses procureurs et les sindics et particuliers habitans desd. lieu
et juridiction de Melages ; lesquelles trente deux livres tournois il a
voulleu, comandé et ordonné qu'elles leur feussent payées tous les
ans sans aucune contradiction par son héritier universel bas nommé.
Item pareillement led. seigneur testatur a legué et laissé aux memes
freres precheurs et à leurd. couvent, sçavoir est : trois chapes, une
pour la celebration de lad. messe, l'autre pour le diacre et la
troizieme pour le soudiacre, bonnes et suffisantes ; mais et au cas
que lesd. ff. reffuzacent ou differasent de dire et celebrer lesd.
messe et absoute en la maniere et forme cy dessus declarée, led.
Seigneur testatur a voulleu en ce cas et a par expres ordonné que
tous et chacuns les biens et chozes leguées à eux et à leurd. couvent
pour la même cauze d'intention de fonder lesd. messe et absoute
soint appliqués et employés allieurs pour la fondation de semblable
messe et absoute, ou pour la celebration d'autres messes et pour
dire de devotes prieres et faire de bonnes œuvres et cauzes pieuses
pour la remission toutefois, soulagement et salut de l'ame dud.

testatur et des seigneurs ses parans et autres ses biens facteurs def-
funtz, et cella, à l'arbitre et volonté d'illustre et puissante dame
Catherine d'Amboize son espouse, procedant et agissant en cella
avec le bon conseil et avis desd. reverant père en Christ et seigneur
Louis d'Amboize par la grace de Dieu eveque d'Alby et de reverant
pere et seigneur Antoinne de Clermont, par la grace de Dieu et du
Saint-Siege apostholique, prothonotaire et abbé des abbaïes de Ville
magne et de Saint-'Thibery; et en leur deffaut, à la volonté et bon
plaisir de son heritier universel soubz escript. Item de plus a vouleu,
commandé et par expres ordonné qu'il feut payé de ses biens les
leguats soubs escripts par son heritier universel bas nommé, faits et
laissés par led. seigneur Pons Guillem son deffunt pere dans son dernier testament; et premièrement à un certain vulgairement nomé
Plomet serviteur de sond. feu pere, sçavoir : cinquante escus. Item
pareillement à un certain nommé Garrejat quatre vingt escus.
Item à un certain nommé Pons Destamariou servitur dud. seigneur
cent escus. Lesquels leguats ledit seigneur testatur a voulleu leur
estre payés personnellement et en leur deffaut à leurs heritiers et
successeurs, et au deffaut de ceux cy led. testatur a voulleu qu'ils
feussent apliqués et employés en messes, allmones et prieres et
autres œuvres pieuzes pour la remission toutesfois remede et salut
de leur ame et de sieurs leurs parans et de tous autres deffunts de
leur rasse ; et cellà sous l'ordination de l'evêque ou prelat. Item led.
seigneur testatur a legué et laissé pour l'amour de Dieu au bassin des
ames du purgatoire de l'églize paroissialle Saint-Paul de lad. ville
de Clermont, sçavoir : six livres pour une fois tant sulement payer
en monoie courante. Item par pareille forme led. seigneur testatur
a legué et laissé à l'œuvre ou fabrique de lad. eglise paroissialle
Saint-Paul de Clermont et pour acheter une custode du corps de
Christ ou autre ornement uttille et necessaire au servisse toutte fois
de l'autel majeur de cette eglise paroissialle, sçavoir est : dix-huit
livres tournois paiables en monnoie courante une sulle fois tant
sulement. Item successivement a legué et laissé et voulleu qu'il fut
donné de ses biens en charité et en pain cuit aux jour de sa nuvaine

et bout d'an aux pauvres de Jesus-Christ la quantité de vingt-cinq cestiers bled pour leur estre donnés et distribués chaque fois en la meme ville de Clermont. Item pareillement led. seigneur testatur a legué au bassin du couvent des freres precheurs de lad. ville de Clermont une livre tournois paiable en monoye courante une fois tant sullement. Item led. seigneur testatur a legué et laissé aux autres bassins questans ordinairement dans lad. eglise paroissialle Saint-Gervais, sçavoir : trois livres tournois pour leur estre payé et partagé entre tous en monoye courante une fois tant sulement. Item led. seigneur testatur a personnellement legué et laissé à l'œuvre ou fabrique de l'eglise paroissialle dud. Saint-Gervais pour le bezoin toute fois et cauze d'avoir ou d'achepter une custode du corps de Christ ou autre ornement uttille et necessaire au grand autel de cette eglize, sçavoir est dix-huit livres tournois paiables en monoye courante une fois tant sulement. Item de plus led. seigneur testatur a legué et laissé et en testant a voulleu et ordonné qu'il feut donné de ses biens en charité et en pain cuit le jour de sa nuvaine et bout d'an aux pauvres de Jesus-Christ, sçavoir : vingt-cinq cestiers de bled pour estre donnés et distribués chaque fois dans le meme lieu de Saint-Gervais. Item aussy led. testatur a legué et laissé et ordonné qu'il feut donné pour vetir certains paûvres ou enfans paûvres, sçavoir : quatre pans de drap noir bons et suffisans paiables une fois sullement. Item a legué et laissé led. testatur et en testant a ordonné et recomandé que de ses biens il feut payé à tous ses serviteurs et à chacun d'eux en paiement et recompansse des traveaux et servisses par eux et chacun d'eux à luy et à sad. espouze faits et employés au temps passé et qu'ils ne cessent de leur faire, ainsy et comme il est conteneu dans certaine fuille de papier signée de la propre main du testatur et de son cachet de ses armes accoutumé, ce qu'il a dit et entandeu me remetre à moy notaire bas escript aux fins d'être inséré dans le present instrument. Item ensuite a legué et laissé le seigneur testatur souvent mentionné, par droit de nature, institution et portion hereditaire à noble Jeanne de Clermont, sa fille naturelle et legitime, religieuze du devot monastere Saint Menulfe ordre

de Saint Benoist pour pention annuelle à elle payable annuellement par son heritier universel icy nommé, savoir : Vingt-cinq
livres tournois de monoye courante moienant laquelle pention il l'a
faitte et instituée en ses biens son heritiere particuliere, et partant a
voulleu qu'elle ne peut autre choze demander en ses biens ny agir
pour supplement de sa legitime par quelque droit, raison, titre ou
cauze que ce soit, impozant à elle meme un sillance perpetuel. Item
a legué et laissé le susdit seigneur testatur par semblable droit de
nature, d'institution et de portion hereditaire à noble Marguerite de
Clermont sa fille naturelle et legitime, espouze de noble et puissant
homme Jacques Albaronis Allamandi seigneur de Lers, sçavoir :
cent livres tournois monoie courante, ensemble avec la dot et autres
biens doctaux à elle constitués et assignés dans son traité de mariage
par le meme seigneur testatur son pere ainsy qu'il a dit conster de
lad. constitution par instrument public pris et reçeu en note par
Mᵉ Antoinne Bazardy notaire et secretaire du seigneur nostre Roy
de la ville de Tours soubz l'an et jour y contenu avec lesquels biens
et somme cy dessus, il l'a faitte et instituée son heritiere particuliere
en sorte qu'elle ne puisse rien autre demander sur ses biens ny agir
par quelque droit, titre, raison ou cauze que ce soit pour suplement
de sa legitime luy imposant à cest effet sillance perpetuel. Item tout
d'une suitte a legué et laissé led. testatur par pareil droit de nature,
d'instituõn et portion héréditaire à noble Marie de Clermont sa fille
naturelle et legitime religieuze de l'ordre de Sainte Claire des sœurs
Coletes de la ville d'Alby pour aumone et cauze pieuse pour lui
estre payée annuellement et chaque année par son heritier universel
bas nommé, sçavoir vingt livres tournois monoye courante, reque-
rant ledit couvent de recevoir lad. somme ou leguat par maniere
d'aumone, moienant laquelle pention il l'a faitte et instituée en ses
biens son heritiere particuliere ; c'est pourquoy il veut qu'elle ne
puisse autre choze demander et prétandre sur ses biens ny agir pour
son suplement de legitime en aucune maniere et par quelque droit,
raison, titre et cauze que ce soit ; mais comme lad. Marie n'a
point encore fait de proffession monacalle et qu'elle est en liberté de

sortir dud. monastere et quitter l'habit de religieuze, dans ce cas là, il lui a legué et par semblable droit de nature, d'institution et portion héréditaire, et luy a laissé la somme de six mile livres tournois à elle paiable par son heritier universel bas nommé dans le traité et conclusion de son mariage aux termes et paiemens suivans, sçavoir : au jour de la celebration de son mariage deux mille livres tournois monoie courante, et successivement chacune année deux cents livres tournois monoie courante sans aucune cumulation de payement ; au moyen de quoy il l'a faitte et instituée en ses biens son heritiere particuliere, par conséquand qu'elle ne peut rien autre demander ny agir pour le suplement de sa legitime en aucune maniere et par quelque titre, raison, droit ou cauze, impozant à la meme silance perpetuel. Item aussy et par pareil droit de nature, d'institūōn et de portion hereditaire a legué et laissé led. testatur à noble François Guillem de Clermont son fils naturel et legitime, prevot de la venerable prevoté de Belmon diocèze de Vabre sçavoir : la somme de mille livres tournois à lui paiable en monnoye courante par son heritier bas nommé avec laquelle il l'a fait et institué son heritier particulier, en sorte qu'il ne puisse autre choze demander ny obtenir sur ses biens ny agir pour le suplement dud. leguat par quelque maniere, titre, raison, droit ou cauze que ce soit, luy imposant silance perpetuel. Item plus avant semblablement et par semblable droit de nature, d'institūōn et portion hereditaire, led. seigneur testatur a legué à noble Antoinette sa fille légitime et naturelle sçavoir : six mille livres tournois de monoye courante à elle payables dans son traité de mariage par son heritier universel bas nommé aux termes et payemens suivant sçavoir : au jour de la celebration de son mariage deux mille livres tournois monoye courante et ensuite toutes les années deux cens livres tournois sans aucune accumulation de payemens, moyenant quoy il l'a faitte et instituée en ses biens son heritiere particuliere, en sorte qu'elle ne puisse rien autre demander ny agir pour suplement de legitime par quelque droit, titre, raison ou cauze que ce soit, luy imposant à cest effet silance perpetuel. Item par pareille forme et pareil droit de nature, d'institution et de portion héréditaire, a legué led. testatur et laissé à noble Pierre Guillem de Clermont son fils naturel et legitime que led. testatur veut et entand qu'il persevere en la siance et bonne mœurs et qu'il soit et demeure, Dieu aydant, homme et personne ecclésiastique sçavoir est : la somme de mille livres tournois monnoye courante, comme aussy les allimens et habitz convenables, à lui payables sur ses biens quelconques suivant la faculté d'iceux et l'estat de la personne du leguataire jusques à ce qu'il soit ou par luy ou par d'autres pourveu de benefices et biens ecclesiastiques jusques à la somme ou valeur de cinq cens livres tournois pour chacune année, le leguat desdits alimens et habits cessant alors : moiennant quoy il l'a fait et institué en ses biens son heritier particulier en sorte qu'il ne puisse rien autre demander et obtenir sur ses biens ny agir en aucune façon pour le juste suplement de legitime par quelque droit, raison, titre ou cauze que ce soit, imposant au même sillance perpetuel. Mais et au cas que led. noble Pierre Guillem de Clermont ne feut point homme ecclesiastique, ce cas arrivant, il luy a legué et laissé la somme de six mille livres tournois à lui paiable monoye courante par son heritier universel icy nommé dans le traité et conclusion de son mariage aux termes et payemens suivans, sçavoir au jour de la celebration de sond. mariage deux mille livres tournois monoye courante et ensuitte touttes les années deux cens livres tournois sans cumulation de payement, à moins qu'il n'apareut d'une dilligeance precedante : moyennant quoy et en ce cas, il l'a fait et institué en ses biens son heritier particulier, en sorte qu'il ne puisse autre choze demander ny agir pour le suplement de legitime par quelque maniere, droit, raison ou cauze quelle quelle soit, imposant au meme silance perpetuel (1). Item conceçutivement a legué par meme droit de nature, d'instituõn et de portion hereditaire à noble Guion Guillem de Clermont son fils naturel et legitime sçavoir est : son lieu de Proenques ensemble avec ses droitz

(1) Le traducteur a dû oublier le passage du testament concernant Catherine, dernière fille de Tristan, que l'on voit nommée un peu plus bas entre Pierre et Guyon.

et appartenances, et toute la justice haute, moiene et basse et son
mere et miste impere et tous ses fruitz, ususfruitz, censives, usages,
domaines directes, lodz, foriscape, chateau et maison et tous autres
droitz, revenus et esmolumens appartenans et quy doivent et ont
accoutumé d'appartenir au meme lieu et juridiction de Proenques,
au moyen desquelles chozes il l'a fait et institué en ses biens son
heritier particulier en telle sorte qu'il ne puisse autre choze demander
ny obtenir sur ses biens ny pareillement agir pour le juste suplement
de legitime par aucun droit, titre, raison ou cauze, imposant au
meme silance perpétuel. Item aussy et par le meme droit de
nature, d'instituōn et portion hēre led. seigneur testatur a
legué et laissé au postume ou postumes que lad. illustre
dame Catherine d'Amboize pouroit porter en son ventre
quels qu'ils soint et à un chacun d'eux, sçavoir : la somme de six
mille livres tournois monnoye courante paiable à lui et à chacun
d'eux par son héritier bas nommé dans son ou leur traité de mariage
aux termes et paiement qu'il a esté dit cy dessus et exprimé à l'egard
desd. Antoinette et Catherine, sans touttefois aucune cumulation
de paiemens cy ce n'est qu'il ne constat d'une diligence enterieure-
ment faitte legitimement ; moyenant quoy, il a fait et institué le pos-
thume ou chacun des posthumes son heritier ou ses heritiers
particulier ou particuliers en telle sorte qu'il ne puisse ou puissent
demander autre choze sur ses biens ny agir pour le juste suplement
de legitime par quelque maniere, droit, titre, raison et cauze que ce
soit, imposant à lui et à eux silance perpetuel. Item pareillement a
voulcu et par expres en testant a ordonné led. seigneur testatur que
s'il arrivoit que les susnommés Marguerite, Marie, Anthoinete,
Pierre, Catherine et Guion Guillem de Clermont et le postume ou
postumes, les hommes ou perssonnes n'estoient point ecclésiastiques
ou que l'un ou l'autre d'eux ou d'elles vint à deceder ou mourir en
l'age pupillaire ou autre en quelque temps que ce feut sans enfan ou
enfans procrée ou procrées de legitime mariage, audit cas tous les
biens, chozes, droits et leguats a eux et à chacun d'eux en particulier
faitz et laissés cy dessus retournent de plain droit et entierement à

son heritier universel icy nommé suivant les termes et payemens par lesquels il constera qu'eux ou elles ou chacun d'eux ou d'elles aura reçeu le tout ou partie. Item aussi led. seigneur testatur a legué et laissé à lad. illustre et puissante dame, dame Catherine d'Amboize son espouze cinq cens livres tournois monoye courante pour estre par elle annuellement et toutes les années levées et exigées du lieu et revenus de Brusque et autres lieux et ses domaines proches et contigus au même lieu de Brusque ; portées touttefois et comprises en ce leguat les cinq cens livres tournois et tous les autres biens et chozes par led. seigneur testatur données et atribuées à la même dame Catherine au temps de leur contrat de mariage. Item aussi led. seigneur testatur a legué et laissé outre et pardessus lesd. cinq cens livres tournois à lad. dame Catherine son espouze autant de temps qu'elle restera en viduité pour remuneration et recompance des services et plaisirs qu'elle lui a faitz et qu'elle ne cesse de lui faire, sçavoir : les lieux, juridictions hautes moienes et basses avec le mere et mixte impere de Brusque, de Melagues, de Lauriac et d'Aunac ensemble avec tous et chacun les revenus, droitz, rentes et emolumens provenant desd. lieux et juridictions, comme aussi le chateau de Faiet dit communement la Deveze et ses apartenances, laquelle borie a autre fois acquize de noble Bringuier Rulhene, seigneur de Montgaliar avec touttes les uttansiles et mubles quy sont dans le chateau dud. Faiet. Et pareillement luy a legué le revenu du domaine de Clermont ou de Cannet avec faculté d'eslire celluy qu'elle voudra ; comme aussi trois cens livres tournois monoye courante pour les recevoir tous les ans et les exiger de la baronie de lad. ville de Clermont. Mais et au cas que lad. dame voulleut rezider aud. lieu de Cannet, aud. cas led. testatur luy a legué et laissé toute la juridiction et l'exercise de la justice dud. Cannet. Item pareillement led. seigneur testatur ce confiant entièrement en la probité et prudance de lad. dame Catherine son espouze, par grâce especialle luy a accordé, donné et concedé la permission et entiere puissance d'ordonner et de dispozer par voie de testament, et non autrement, du chateau et de l'entiere borie de Fayet appellée (comme il a esté dit) la Deveze en faveur de l'un de ses fils Louis, Pierre ou Guion Guillem de Clermont pourveû qu'ils ne soint point ecclesiastiques, sçavoir en faveur de celluy qui bon luy semblera et qu'elle cognoitra estre le plus prudent et le plus habille. Item de plus a legué et laissé led. seigneur testatur à lad. dame Catherine son espouze les vazes d'argent suivant : premierement huit taces d'argent du poix chacune de quatre marcs d'argent ; item autres quatre taces du poix chacune de trois marcs d'argent ; item deux aiguieres et un bassin d'argent dont led. testatur uzoit ; item quatre plats, doutze assiettes, six couteaux, deux salieres et doutze cuiliers d'argent pour en faire entierement a ses plaisirs et volontés tant en la vie qu'en la mort. Item ensuite led. seigneur testatur a legué et en testant a ordonné et laissé à lad. dame Catherine son espouze pour son service et usage, sa vie durant, vivant chastement et viduellement, sçavoir est tous ses autres vases et uttanciles d'argent de maison en quelque lieu qu'ils soint, lesquels vases et uttancile legués à lad. dame pour les garder et conserver et pour son service ; led. testatur a voulleu qu'ils fussent rendus et restitués à son heritier bas escript. Item a recogneu led. seigneur testatur et a confessé avoir eû et reçeu reellement de lad. dame son espouze sçavoir : une chaine d'or de valleur de huit cens livres tournois monoye courante pour le paiement de laquelle chaine il luy a fait certaines assignations des sommes d'argent, lesquelles il a dit et assuré n'aller point à l'entier payement desd. huit cens livres ; sur lesquelles assignations et sur ce quy reste à paier, led. testatur a voulleu que lad. dame en feut crûe à sa sulle parolle ; comme aussy il a voulleu et ordonné que ce quy restoit à payer de lad. somme lui feut reellement payé en vases d'argent qu'elle voudra choizir jusques à l'entiere satisfaction et payement de la somme desd. huit cens livres. Item ledit seigneur testatur a ordonné et vouleu que la meme dame Catherine sa femme tant qu'elle vivroit chastement et viduellement feut entierement tutrisse, metraisse et gouvernante des personnes et biens de ses enfans sans faire d'inventaire et sans rendre compte jusques a ce que noble Louis de Guillem de Clermont son fils naturel et legitime et son heritier universel bas nommé soit colloqué en mariage honette et convenable fait toutes fois de la volonté et consantement de lad. dame Catherine et desd. reverandz pere en Christ et seigneur Louis d'Amboise par la grace de Dieu eveque d'Alby et du reverand pere seigneur Antoinne de Clermont abbé commandataire perpetuel des abbayes de Villemagne et Saint Thibery; comme aussi de magnifique et puissant seigneur Jean de Castelnaud seigneur de Castelnau de Bretenou (1). Item pareillement led. testatur a legué enfin et par expres a ordonné que au cas qu'il se trouve en quelque maniere que ce soit qu'icelluy testatur ou le sieur seigneur Pons Guillem son deffunt pere feussent tenus envers quelque personne ou personnes par quelque maniere que ce soit par instrumens, billets ou autres temoignages dignes de foy ou par compte et pour cauze de traveaux et servisses faits cy devant tant à lui qu'aud. Pons Guillem son pere, lesd. personnes et chacune d'elles feussent payées, satisfaites jusques à entiere satisfaction et paiem' par son heritier universel bas nommé, s'en dechargeant sur iceluy. Et en tous ses autres biens, domaines, droitz et facultés quelconques presens et fucturs quels qu'ils soint et en quelque lieu qu'ils se trouvent a fait, institué et de sa propre bouche a nommé et surnommé son heritier universel sçavoir est : Noble Louis Guillem de Clermont son bien aimé fils legitime et naturel, auquel il a ordonné d'accomplir tous les leguats cy dessus declarés et de payer aussi ses debtes s'il s'en trouve de veritables appres ses derniers jours. Toutes fois et en meme temps qu'il arrive que le meme noble Louis de Guillem de Clermont son heritier universel seus nommé decede ou mure laissant un enfant ou des enfans malle ou malles, legitime ou legitimes, un ou plusieurs, procrée ou procrées de son legitime mariage, aud. cas il luy a substitué son premier né s'il est pour lors en vie, et s'il ne l'estoit point, son second né, et au second né le troisieme, et ainsi de l'un à l'autre jusques au dernié pourveu qu'ils soint habilles et capables pour succeder aux biens et qu'ils ne soint point hommes d'eglize, furieux

(1) Cousin germain de Tristan.

ou en demance. Et pareillement s'il arrive que les enfans d'icelluy noble Louis de Guillem de Clermont heritier sus nommé ou l'un d'eux decede et mure en l'age pupillaire ou en quelque temps que ce soit sans laisser aucun enfan ou enfans malle ou malles, legitime ou legitimes, procrée ou procrées de leur legitime mariage, led. cas arrivant il a substitué iceux enfans malles s'ils ne sont ecclesiastiques, furieux et en demance, et autrement capables et habilles à succeder aux susd. biens, il les a substitués l'un à l'autre, sçavoir : au premier né le second né, et au second le troizieme et ainsy des autres jusques au dernier. Et sy tous lesdits enfans et le susnommé noble Louis de Guillem de Clermont heritier universel decedoint en age pupillaire et autres en quelque temps sans laisser aucun enfan ou enfans legitime ou legitimes, malle ou malles, procrée ou procrées de leur legitime mariage, ce cas arrivant que Dieu ne veuille, il leur a et à chacun d'eux substitué le susd. noble Pierre Guillem de Clermont son fils legitime et naturel pourveu qu'il ne soit point homme d'eglize; et au cas il feut tel, il a substitué led. Guion de Guillem de Clermont son fils legitime et naturel. Et sans doute s'il arrivoit que led. noble Pierre Guillem de Clermont vint à deceder y aiant un enfan ou des enfans male ou males, un ou plusieurs procrée ou procrées, il luy a substitué son premier né s'il estoit encore en vie, et s'il ne l'estoit point, le second né, et au second le troizieme et ainsy des autres jusques au dernier. Et si pareillement lesd. enfans decedoint en age pupillaire et en quelque temps que ce feut sans un enfan male ou males, procrée ou procrées de leur legitime mariage, en ce cas il a substitué les memes enfans males s'ils ne sont ecclesiastiques, furieux ou fols, et autrement habilles et capables à succeder, l'un à l'autre, sçavoir au premier né le second né et au second le troizieme et ainsy des autres jusques au dernier. Et aussy sy lesd. enfans et led. noble Pierre de Clermont venoint à deceder en age pupillaire ou autre en quelque temps que ce feut sans un enfan ou enfans legitime ou legitimes, procrée ou procrées de leur legitime mariage, que Dieu ne veuille, ce cas arrivant il a substitué led. noble Guion de Guillem de Clermont son fils legitime et naturel; et pareillement s'il arrivoit que led. noble Guion decedat en quelque temps que ce feut aiant un enfan ou enfans legitime ou legitimes male ou males procréé ou procréés de son legitime mariage, il a substitué iceux enfans males n'etant point ecclesiastiques l'un à l'autre, sçavoir au premier né le second et au second le troizieme et ainsy des autres comme il a esté dit des enfans du noble Louis de Guillem jusques au dernier et a substitué ses enfans. Auxquels et au meme Guion decedant sans enfans males legitimes, il a substitué lad. noble Catherine sa fille legitime et naturelle sy elle vivoit pour lors et n'avoit point de mary ; que si elle n'estoit en vie ou qu'elle feut colloquée en mariage, il a substitué lad. noble Antoinnette de Clermont sa fille sy pour lors elle estoit en vie et qu'elle n'eut point de mary. Et a fait semblables substitutions aux memes Antoinnette et Catherine et à leurs enfants sy le cas de la substitution arrivoit ainsy et comme il a esté substitué aux noble Louis Guillem son heritier universel et à ses enfans. Au reste, sy les demoizelles nobles Antoinnette et Catherine venoint à deceder en quelque temps que ce feut sans enfans ou enfan legitime ou legitimes, male ou males, il leur a substitué ou à l'une d'elles decedant ainsy la derniere, le puisné dud. magnifique et puissant seigneur Jean de Castelnaud de Bretenou pourveu toutes fois qu'il prene pour femme l'une des filles dud. noble Louis Guillem de Clermont son heritier universel, ou de Pierre ou de Guion de Guillem, procréée de legitime mariage sçavoir : la premiere née et sy la premiere née n'estoit pas pour lors en vie ou qu'elle fut colloquée en mariage, la seconde née et ainsi de la troisième, quatrieme et autres filles dud. noble Louis de Guillem, l'ordre de primogeniture gardé, et des filles desd. nobles Pierre et Guion de Guillem descendant d'eux en droite ligne, aiant par un prealable⁺ obtenu dispanse du souverain pontife notre pape ou d'autre aiant en cella puissance, en sorte que le cas arrivant, led. puisné soit tenu de porter le surnom et armes dud. seigneur testatur et de sa maison de Clermont pures et telles qu'il a accoutumé de porter, sans aucune intermission et melanges d'armes et non autrement. A vouleu pourtant ledit testatur et ordonné par pacte expres et a deffandu et prohibé personnellement

que toutes les cartes, quelles qu'elles soint, soint distraites et
deduites en tous et quelconques les degrés et lieux des personnes
quelle qu'elle soint instituées et substituées cy-dessus et de toutes
autres substitutions faittes en la maniere cy avant exprimée.
Desquelles choses cy-dessus especifiées pour l'honneur de son dernier
testament et derniere volonté, il a fait et ordonné pour executeur
d'icelluy, sçavoir est : le reverand pere en Christ le seigneur Louis
d'Amboize par la grace de Dieu eveque d'Alby et le reverand pere
seigneur Antoinne de Clermont par la grace de Dieu et du saint
siege apostolique, protonotaire et abbé commandataire perpetuel des
devots monasteres Saint Martin de Villemagne dioceze de Beziers et
du lieu de Saint Thibery diocèse d'Agde ; comme aussy le sieur
Jean Chaudon escuier, licentié en l'un et l'autre droit, du lieu de
Gignac et seign^r de Journac ; sage homme Pons Rome baili de
lad. ville de Clermont ou deux d'iceux solidairement; et en leur
deflaut le reverand pere en Christ le seigneur Eveque de Lodeve quy
est à present ou qui y sera pour lors, auxquels il a donné, conferé
et concedé la permission et puissance de constraindre son heritier
universel sus nommé à executer et accomplir touttes et chacunes les
chozes cy-dessus escriptes et quy sont contenues dans son presant
testament, en ny faisant aucune obmission. Or led. seigneur
Tristan de Guillem de Clermont testatur a dit et assuré que cessy
soit son dernier testament et sa derniere volonté qu'il a approuvé,
ratifié et confirmé, et a voulleu et ordonné qu'il feut valable par
droit de testament; et s'il ne vaut et puisse valloir par droit de
testament, il a voulleu et ordonné qu'il vaille par droit de codicilles
ou de lettre missive; et s'il ne vaut ou ne peut valloir par droit de
codicilles, il a voulleu qu'il vaille par droit de donnation à cauze de
mort; et s'il ne vaut et qu'il ne puisse valloir par droit de donnation à cause de mort, il a voulleu et ordonné qu'il vaille par droit de
tout autre derniere volonté et par quelque maniere, forme
et titre par lesquels il pourra mieux, plus facilement et
plus uttillement valoir de droit. Que sy jamais il a fait ou
dressé autre testament ou testamens, codicille ou codicilles, derniere

volonté ou dernieres volontés par cy devant, il les casse, annulle et
de prezant les a entierement revoqués et annullés, voulant qu'ils ne
soient à l'advenir d'aucune efficase, force et concideration, et que au
contraire son present dernier testament et derniere volonté demu-
rent et restent perpetuellement dans leur efficase, force et firmeté.
Et en outre a vouleu que son presant dernier testament et sa presante
derniere volonté soit valable, soit il grossoié une fois ou plusieurs
fois ou non grossoyé, etandeu ou non etandu, produit en jugement
ou non produit, et qu'il puisse estre dicté, refait et corrigé plusieurs
fois, et qu'on y puisse metre et adjouter des aditions et clauzes necessaires, même sans authorité, decret, lissance ou mandement du
prezidant ou du juge ordinaire ou extraordinaire ou de la cour ecclesiastique ou de la seculiere, et cella avec le conseil et avis des juris-
consultes, pourveu toutes fois que la substance du fait ny soit en rien
changée, priant les temoins soubz escripts icy presents et par moy
specialement expressement appellés, qu'ils soient rememoratifs de
touttes et chacunes les chozes cy avant exprimées et qu'ils en portent
temoignage de verité en lieu et temps commodes. Desquelles
touttes et chacunes les chozes dispozées, led. seigneur Tristan de
Guillem de Clermont testatur a demandé et requis qu'il feut fait,
retenu et delivré un publiq ou publiqs instrument ou instruments
tout autant qu'ils seront necessaires et propres à l'uttilité et aventage
de celluy ou de ceux quy ont ou quy peuvent avoir inthe' à l'avenir.
Et ces chozes ont été faittes et recitées par moy notaire bas escript
dans le chateau dud. testatur dud. lieu de St-Gervais et dans la
chambre dud. chateau vulgairement appellée la Cambrenõue, en la
prezance, audiance et témoignage des venerables nobles hommes
Sr Pierre de Aspremon, licentié en decrets, subcenteur et chanoine
d'Alby, de noble et religieux Sr Tristan de Thezan, prieur de l'eglise
paroissiale dud. lieu de St-Gervais, de noble sr Guillaume de Poupian
seigneur d'Avene, me Pierre de Anvilla medecin et bachelier en
medecine, de Jacques de Alla appoticaire, de Phelipe Rebouch dra-
pier dud. lieu de Clermont et de Jean Guibert march' dud. lieu de
St-Gervais, du sieur Roquebety recteur de Gargalio, du sr Jean

Tavardy vicaire de St-André de Gailhac et de noble Jean de Baume serviturs dud. seigneur eveque d'Alby temoins appellés et pres. Et de m° Jean de Montgino n^{re} public dud. lieu de St-Gervais par les authorités roialle, appostolique, imperialle, quy a esté presant en tout ce quy a esté fait et passé cy dessus et dont estant requis il a prins et reçeu en noctte l'instrument ; de laquelle notte il a fait extraire et grossoyer par un autre à lui affidé ce present public instrument et l'a fait rediger en cette publique forme en trois paux de parchemin dont la premiere dans sa derniere ligne commance par ces mots : *in diebus* et finit *in eadem legavit* ; la seconde pau en sa premiere ligne commance : *et reliquid* et finit : *in eadem tamtum*, et en sa dernière ligne elle commence : *quandieu* et finit : *in eadem inventari* ; et la troizieme pau quy est cette presante, dans sa premiere ligne commance : *confecione* et finit ; *in eadem tamen*. Et ensuite, ayant fait une dilligente collation avec la notte originale concordante, il a soubscript de sa propre main et de son cachet publiq dont il a accoutumé de se servir dans ses instruments publiqs, et moi Jean de Montgino no^{re} susd. me suis ici soubscript de ma propre main et ay signé en foy de ce dessus, Jean Montgino.

Le testament ci-dessus comprend les pages 1 à 56 d'un cahier au dos duquel on lit de la même écriture que celle qui a écrit le testament :

« du 29e 7bre 1497.
« Testament de noble Tristan de Guillem de Clermont traduit
« en françois. » (1)

(1) Ce testament nous a été communiqué par M. Souvier aîné, de Clermont l'Hérault. L'écriture et le papier permettent de penser que cette traduction a été faite vers le milieu du 17e siècle.

VIII.

Bref d'indulgence donné par le cardinal François de Clermont

en faveur de l'église Notre-Dame du Peyrou.

Franciscus miseratione divina tituli sancti Adriani presbiter cardinalis, Narbonensis vulgariter nuncupatus universis et singulis salutem et sinceram in Domino charitatem. Quoniam, ut ait apostolus, omnes stabimus ante tribunal Christi recepturi prout in corpore gessimus sive bonum fuerit, sive malum. Opportet ergo nos diem messionis extremæ misericordiæ bonis opibus provenire : ac æternorum intuita seminare in terris quodcum multiplicato fructu reddente domino, colligere debeamus in cælis, firmam spem fiduciamque tenentes. Quoniam parve seminat parve et metet. Et qui seminat in benedictionibus et de benedictionibus metet vitam æternam. Cupientes igitur ut capella sive ecclesia intemeratæ gloriosissimæque Virginis Mariæ de Peyrono sita in juridictione et parrochia Sancti Pauli Clarimontis, Lodovensis diocesis, congruis honoribus frequenter et a cunctis Christi jugiter veneretur. Omnibus vere pænitentibus et confessis qui causa devotionis vel peregrinationis accesserint, vel ibi divinum officium seu verbum exhortationis audierint singulis diebus. Ac quotiescumque fabricæ vel bassino sive operi prefatæ ecclesiæ eleemosinas sive bona aut dona temporalia elargiti fuerint, ac qui sustentione luminariæ seu fabricæ ac aliorum necessariorum præfatæ ecclesiæ manus suas porrexerint adjutrices : vel qui in extremis laborantes quidquam facultatum dederint, assignaverint, legaverint prædictæ ecclesiæ vel ad hoc alios excitaverint. Necnon qui pro anima magnifici ac potentis viri domini Tristani

Guillelmi de Claromonte, militis, domini dicti loci, bonæ memoriæ patris nostri, atque pro salute, salubri statu magnificæ ac potentis dominæ Catherinæ de Amboysa dominæ matris nostræ ac fratrum nostrorum atque sororum. Et honorabilium virorum dominorum consulum totiusque Universitatis ejusdem loci Claramontensis nos ad hoc supplicantes. Qui orationem dominicam cum salutatione angelica ubicumque, quandocumque, et quotiescumque dixerint pia mente; Nos de omnipotentis Dei misericordia et beatorum Petri et Pauli apostolorum authoritate et beatæ Virginis Mariæ ac omnium sanctorum et sanctarum meritis precibusque confidentes. Cuilibet vestrum sigillatum centum et quadraginta dies indulgentiæ de injunctis sibi pænitentis misericorditer in Domino relaxamus. In cujus rei testimonium hoc præsens scriptum sigilli nostri duximus roborandum. Datum apud Claramontem diocesis Lodovensis calendas novembris. Pontificatu in Christo Patris domini Julii divina providentia Papæ II. Anno I.

Nous avons cru devoir reproduire ce bref quoiqu'il figure dans l'Histoire des Seigneurs de Clermont, vu le petit nombre d'exemplaires existant de cet ouvrage. Nous donnons le texte de Julien avec ses incorrections ; il renferme cependant une erreur que nous devons signaler. Ce bref porte la date du jour des Calendes de novembre (1 novembre) de la première année du pontificat de Jules II. Or, à cette date, François de Clermont n'était pas encore cardinal ; sa promotion n'eut lieu que quelques jours après, le 3 des Calendes de décembre (29 novembre 1503). Le jour des Calendes de novembre est la date de l'élection de Jules II à la papauté.

Signalons aussi une erreur de Durand. D'après cet auteur (Histoire de Clermont, pp. 182 et suiv.), le Cardinal aurait visité l'église de Notre-Dame du Peyrou le lundi de Pâques (17 avril) 1503 et aurait alors donné son bref d'indulgence. Nous ignorons sur quel texte s'est appuyé Durand pour énoncer cette allégation, qui est inexacte, François de Clermont n'étant pas encore cardinal à cette époque.

Durand ajoute que l'original du bref n'existe plus, mais qu'il en possède le sceau, lequel porte la date de 1503. En admettant que ce sceau soit bien celui du bref, la date de celui-ci doit être fixée à une époque postérieure au 29 novembre 1503 et antérieure au 7 avril 1504, jour de Pâques et premier jour de l'an 1504 suivant la manière de compter de l'époque.

IX.

Lettre patentes de Henri III évoquant devant la Cour du Parlement de Paris les procès de Guy II de Castelnau, seigneur de Clermont de Lodève, relatifs à la succession de Jean de Bernuy, seigneur de Venetz, frère de sa femme.

10 avril 1675.

Henry, par la grace de Dieu, roy de France et de Pollongne, à nos amez et feaulx conseillers, les gens tenens notre grand conseil, salut et dillection. Nous, deuement advertis que notre amé et féal chevailler de nostre ordre, conseiller en nostre conseil privé, Guy de Castelnau, seigneur de Clermont de Lodesve, commandant à présent pour nostre service au pays de Quercy, a plusieurs et divers procès, tant en demandant qu'en deffendant, contre diverses personnes à cause de la succession de feu aussi notre amé et féal chevailler de notre ordre, messire Jehan de Bernuy, vicomte de Venetz de qui il a espousé la sœur, lesdits procès pendentz en noz cours de parlemens de Paris, Thoullouse, Bordeaux, Prouvence, Rouen et autres courtz de parlemens et jurisdictions inférieures, lesquelx procès il ne peult poursuivre ny deffendre commodément en diverses jurisdictions pour la grande despense et extraordinaire que luy conviendroit soubstenir en fraiz d'advocatz, procureurs et solliciteurs en chascune desdites courtz et siéges pour ladite manutention de son droit, davantaige qu'il y a quelques piecces que luy servent en plusieurs procès, dont il ne peult fournir en divers lieulx, aussi d'ailleurs que sur mesme faict pourroient intervenir divers jugemens et arrestz contraires qui le remettroient en grande invention de procès.

14

A quoy desirans remedier en consideracion des bons et recommandables services qu'il a faict ci-devant à noz predecesseurs et continue nous faire tous les jours, avons de notre propre mouvement, certaine science, plaine puissance et auctorité royale, évocqué et evocquons à nous tous et chacuns lesditz procès et differens concernans ladite succession dudit feu Jehan de Bernuy, vicomte de Venetz, meu et à mouvoir, soyent pendentz pardevant nos dites cours de parlementz de Paris, Rouen, Thoullouse, Bourdeaulx, Prouvence que autres courtz et jurisdictions inférieures, leurs circonstances et deppendances en l'estat qu'elles sont de présent, soyt en demandant ou deffendant, et iceulx renvoyez et renvoyons par devant vous à qui, de notre puissance et auttorité que dessus, nous en avons attribué et attribuons ; toute court, jurisdiction et cognoissance de procès interdicte et deffendue à tous autres juges quelzconques, à peyne de nullité des procédures et de tous despens, dommaiges et interestz pour le regard des parties y contrevenans. Si voulons notre présente évocation estre signiffiée à nosdites courtz de parlementz et autres juges quelconques, adce qu'ilz n'en prétendent cause d'ignorance ; ensemble aux parties adverses, que nous mandons au premier huyssier de notredit conseil, ou aultre huyssier ou sergent royal sur ce requis, adjournez par devant vous à certain et compettant jour, pour procéder sur ce, ainsi qu'il appartiendra par raison et oultre faire exprez commandement de par nous, sur certaines et grandres peynes, aux greffiers de nosdites courtz et autres jurisdictions, leurs clerz et commis qui ont sacz, pieces et procedures deppendentz et concernantz ladite succession, iceulx apporter ou envoyer au greffe de notredit grand conseil, moyennant sallaire competant, et, en cas de reffuz, les assigner en notre dit grand conseil, pour en dire les causes, sans pour ce demander placet, visu ni pareatis ; et par ce que de ces présentes, pour les raisons que dessus, l'on pourra avoir affaire en plusieurs et divers lieux, nous voulons qu'au vidimus d'icelles deuement expedié soubz scel royal ou collationé par cinq de noz amez et féaulx notaire et secrétaires, foy soyt adjoustée comme au présent original, et ces exploitz faictz en vertu desdites coppies valloir comme si c'estoit original. Car tel est notre plaisir, nonnobstant quelconques edictz, ordonnances, restrinctions, mandemens, deffenses et lettres à ce contraires, auxquelles pour les raisons que dessus nous avons desrogé et desrogeons par ces présentes, et sans tirer à conséquence et à la desrogatoyre de la desrogatoyre d'icelles.

Donné à Paris le xx⁰ jour d'avril l'an de grâce mil 575 et de notre règne le premier. Par le Roy, signé Fizet, et séellées à simple queue du grand scel, cyre jaulne. Enregistrées ès registres du grand conseil du Roy et de l'ordonnance d'icellui, apposé en certaine requeste présentée ce jourdhuy. Faict audit conseil tenu à Paris, le 4ᵉ may 1575.

(*Archives nationales*, Vᴴ 1225, fᵒ Vᵛᵒ).

X.

Mandement de Henri III aux membres du Grand Conseil d'avoir à procéder au jugement par défaut des assassins de Guy II de Castelnau, seigneur de Clermont.

Henry, par la grace de Dieu, roy de France et de Poloigne, à noz amez et féaulx conseillers les gens tenans notre grand conseil, salut. Sur la remonstrance à nous faicte par notre amé et féal conseiller et procureur général en nostre dit grand conseil que, au procès pendant en notredict conseil entre dame Loyse de Bretaigne dame de Clermont, mère de feu messire Guy de Castelnau, quand vivoit, sieur dudit lieu de Clermont, et dame Aldonce de Bernuy, veusve dudit feu, pour raison de l'assassinat commis en sa personne, il a trouvé des deffaulx obtenus par ladite de Bretaigne par devant le prevost de notre hostel, auqel cydevant nous en avons commis et attribué la congnoissance, et ce sur des assignations à trois briefs jours données aux nommés Boissaison, Ferrenis et autres leurs alliés et complices accusés dudit assassinat, pour raison d'icelluy ; au jugement desquelz deffaultz il est necessere de proceder par ung mesme moien comme estant question d'un mesme faict ; mais d'aultant que, par l'arrest donné en nostre conseil d'estat le vingtiesme jour du mois de septembre dernier passé portant renvoy par devers vous, lesdits Boissaison, Ferrenis et autres ny sont nommés ny compreins, vous pourries faire difficulté de juger lesdits deffaultz ; nous, désirans que prompte et briesve justice soit faicte dudict assassinat et que tout soict jugé par les mesmes juges, affin que la continence de la cause ne soict divisée ; et après qu'il nous est apparu dudict arrest attaché à ces présentes soubz le contrescel de nostre chancellerie, vous mandons que vous ayes à procedder au jugement desdits deffaultz, en l'estat qu'ilz sont, contre lesdits Boissaison et autres accusez dudit assassinat, sans que, pour ce faire, ilz soient aultrement assignés ; dont ensemble de tous les procès qui concernent icelluy assassinat, leurs circonstances et deppendences, Nous, de notre grace specialle, pleyne puissance et auctorité roial, vous avons attribué et attribuons toute court, juridiction et congnoissance ; et vous mandons en oultre que vous faciez aux parties bonne et briesve justice. Car tel est nostre plaisir.

Donné à Paris le dix septiesme jour de febvrier, l'an de grace mil cinq cens quatre vingtz et deux, et de nostre regne le huictiesme. Ainsi signé : Par le roy en son conseil : Le Ragonz, et scellé sur simple quene de cire jaulne du grand sceau.

(*Archives nationales,* V⁵ 1226 f° 27).

XI.

Délibération du Conseil communal de Clermont au sujet d'un subside à fournir au marquis de Saissac, fils du seigneur de Clermont, pour aller à la cour défendre les intérêts de la Ville.

mars 655.

L'an mil six cent cinquante cinq et le premier jour du mois de mars après midy dans la maison consulle de la ville de Clermont, assemblés pour tenir le conseil y convocqué : Messieurs Raimond Mathieu, Jean Ferlus, consuls, avec Messieurs André Laurans, Jean Faiet, Anthoine Boissin, Jean de Godon, Jacques Chinon, Jean Jalies, Guilhaumes Baille, Anthoine Malaure sr d'Arieges, Anthoine Baumes, George Mathieu, Pierre Vignier, Jean Anthoine Laurans, Jean Astrug, Pierre Roussin, Anthoine Rey, Jean François Tartary, Hilaire Mestre, André Michel, Jean Revel, Jean Durand, Pierre Baille, Jean Rey, George Fouet, Marc Seignouret, Mathieu Salles, Jean Virenque, Hilaire Souvier, Pierre Baille jeune, Jean Flotte, et Blaise Gravier tous habitans de lad. ville.

Sur ce qu'a esté représanté que Monseigneur le Comte a fait savoir aux sieurs consuls qu'il est obligé pour nous continuer sa protetion de nous exampter de logemans de gens de guerre d'envoyer Monsieur le Marquis de Saissac en cour et pour cest effait de lui advanser la somme de douze cens livres que la comunauté luy a accordée par deliberaon du consl du quinze juillet de l'année mil six cent cinquante trois, quoi que le terme du paiement neschoit que le quinze juillet prochain avec ordre de le bailler a mondit sieur le marquis ou autre aiant de lui charge. A esté arresté et deslibéré satisfesant à la volonté de mondit seigneur que lad. somme de douze cens livres accordée par lad. desliberāon sera paiée à mondit sieur le marquis ou autre ayant de lui charge en considerāon du soulagement que nous avons receu et esperons recevoir a l'advenir, et que les sieurs Jean Jalies et Guilhaume Baille seront priés de fournir et advancer lad. somme de douze cens livres de laquelle ils seront ranboursés dans une année avec les interets dicelle imposée aux impots de la presente année, laquelle somme lesd. sieurs Jalies et Baille remettront es mains de mondit sieur le marquis ou autre que de luy aura charge. pour son assurance les biens desd. sieurs consuls et desliberans luy demeurcront affectés et ipothequés et generallemem ceux de lad. communauté et l'ay consq' sauve de tout relief et indempnité envers lesd. sieurs Consuls et desliberans quy se sont signés avec moy Thomas Salles greffier consulaire escrivant requis soubsⁿᵈ à l'original dont le prnt extrait a esté tiré.

Jay l'original.

SALLES, greffier.

(Communiqué par M. Bertrand Baille, de Clermont-l'Hérault. — La pièce est de la main de Salles qui l'a signée).

XII.

Fondation par Sicard de Clermont, seigneur du Bosc,
d'une chapelle en l'honneur de la Vierge, dans l'église du Bosc.

12. In nomine Domini, amen. Anno incarnacionis ejusdem millesimo quingentesimo duodecimo et die vicesima septima mensis marcii, illustrissimo ac christianissimo principe et domino nostro domino Ludovico dei gratia rege Francorum regnante, noverint universi et singuli presentes et futuri quod apud civitatem Lodovensem, et infra domum archidiocanatus ejusdem civitatis, coramque egregio et magnifico viro domino Michaeli Briconet jurium licentiato, archidiacono ecclesiæ cathedralis Lodovensis, vicario generali in spiritualibus et temporalibus reverendi in Christo patris domini Guilelmi miseratione divina Lodovensis episcopi et comitis Montisbruni in remotis agente, in mei notarii publici et testium infra scriptorum presentia et audientia existens et personaliter constitutus videlicet nobilis scutifer Sicardus de Claromonte dominus castri et juridictionis de Bosco avoiracii Lodovencis diocesis, filius et heres universalis defuncti nobilis Almarici de Claromonte domini, dum vivebat, ejusdem castri de Bosco avoiracii, quiquidem nobilis Sicardus de Claromonte motus devotionis affectu erga ecclesiam sive capellam sancti sepulcri dicti castri de Bosco avoiracii ob missas, orationes et alia omnia officia quæ quotidie in eadem ecclesia continue dicuntur et celebrantur ; volens etiam et affectus salutis remedio animæ suæ ac dicti quondam ejus patris et nobilis Margaritæ de Visseco ejus matris necnon nobilis Braide de podio ejus uxoris et animarum parentum et benefactorum suorom pro quibus ipse nobilis Sicardus de Claromonte dominus de Bosco

avoiracii non inductus seu seductus vi, dolo, metu, verbis blandis aut aliis machinosis, sed gratis, scienter et bene consultus et premeditatus ut dixit, non errans, neque deceptus in jure vel in facto suis, sed de utroque cercioratus prout asseruit plenum et instructus, cum hoc vero presenti et publico instrumento perpetuo firmiter valituro et nunquam revocaturo, ad laudem et honorem Dei omnipotentis domini nostri Jesu-Christi ac beatissimæ et gloriosissimæ virginis Mariæ ejus matris et omnium sanctorum, ac precipue in honorem dictæ beatissimæ ac gloriosissimæ virginis Mariæ, necnon in redemptionem peccatorum suorum et dictorum patris, matris et uxoris suorum supra dictorum, eis muneribus modo via et forma quibus de jure potuit et debuit, instituit, fundavit et dotavit quamdam capellaniam perpetuam in supra dicta ecclesia sancti sepulcri et in honorem specialem et sub vocabulo memorato beatissimæ virginis Mariæ, perpetuis temporibus deserviendam sive decantandam per unum presbiterum idoneum, scientificum et honestum. Cuiquidem capellaniæ vel capellano et pro ejus dote et fundatione prefatus nobilis Sicardus de Claromonte dominus de Bosco dedit, donavit, assignavit per in perpetuum, de bonis suis que olim fuerint dicti domini genitoris sui ea quæ secuntur: Et primum unum casale situm infra muros castri predicti de Bosco confrontatum cum carricira publica, cum Bartholomeo Calvini, cum muro dicti castri, cum domino Philippo Alteiracii, et voluit, consentuit et promisit pro se et suis heredibus universis dictum casale edificare facere bene cum calci et arena ac bonis lapidibus, et primam stagiam crotare aut crotare facere, et de supra dictam crotam voluit, et consentuit ac promisit edificare facere aliam stagiam bene fustatam et coopertam ex tegula loci de Somonte, sic et taliter quod in dicta stagia superiori sint duæ fenestræ mediis croseriis sive miejas crosieras; et voluit in dicta stagia fieri unam chiminieiram, ac voluit et promisit fieri facere in dicta domo portas, fenestras clavesque et alia feramenta necessaria. Totum ejusdem domini fundatoris propriis sumptibus et expensis fieri facere promisit et convenit à festo sancti Michaelis propre veniente in unum annum completum et revolutum. Item parvam tineam vinariam colantem tria modia vini in ejus domo sive castro existentem. Item sex pipas novas capacitatis qualibet sex paleriarum vini. Item quatuor pipas capacitatis qualibet quatuor paleriarum vini bonas et sufficientes. Item quamdam terræ petiam olivetam et maleolum in se continentem, sitam in juridictione dicti castri et in tenemento de *las gardies* confrontatam cum itinere per quo itur de dicto castro de Bosco ad locum de Usclatio, cum Joanne Margials valato in medio, cum Amalrico Broet, cum itinere publico per quod itur a manso Avoiracio versus monasterium grandis montis. Item unum hortum situm in eadem juridictione et in tenemento de *Roumigou* confrontatum cum eodem domino de Bosco terminis in medio, cum valato de Roumigou, cum heredibus Stephani Caironis, cum heredibus Brengarii Ricard. Retinuit tamen idem dominus de Bosco passagium aquæ in eodem horto pro rigando pratum suum subtus dictum hortum existentem, et libertatem assendendi prope dictum vedale ad longum pro recipiendo aquam et derivare faciendo in eodem prato. Item aliam petiam terræ saffranieiram sitam in eadem juridictione et in tenemento *del pe de la villa,* confrontatur cum itinere per quod itur a dicto castro de Bosco versus mansum de Avoiracio, cum itinere per quod itur a dicto castro ad locum sancti Martini, cum campo et area domini archidiaconis Lodovæ, cum Joanne del Gres dicti castri de Bosco Avoiracii. Item unum campum situm in juridictione dicti loci de Bosco et in tenemento sancti Albani vulgariter dictum *lou camp de la figuieira ;* confrontatur cum itinere quod itur de manso sancti Albani ad mansum sancti Fructuosi et cum Amalrico Gres de Bosco avoiracii a duabus partibus, et cum heredibus Joannis Aguilhonis sancti Albani. Item unum alium campum situm in juridictione dicti loci et in tenemento supra dicto, vulgariter dictum *lou camp de Pascal,* confrontatur cum valato de Roumigou et cum Amalrico Gres de Bosco. Item voluit dictus dominus de Bosco fundator et promisit per se et suis, heredibus et successoribus universis pro meliore substentatione fundationis ejusdem capellaniæ emere unam vel duas petias terræ continentem tantummodo sex sexteiradas terræ

aut circa, bene fundatas in loco in quo propter inundatione
aquarum degastari non possint et hoc infra parochiam Sancti Petri
de Avoiracio. Et usqueque ipse dominus de Bosco aut sui heredes
et successores dictam petiam terræ aut dictas petias terræ in simul
continentes sex sesteiradas aut unam petiam terræ continentem
dictas sex sesteiradas emerit aut sui heredes acquisiverint, eidem
capellaniæ promisit idem dominus de Bosco fundator dare et
solvere capellano dictæ capellaniæ, quolibet anno, quatuor sestaria
bladi tozelæ ad mensuram de Bosco in festo sancti Genesii
martiris. Et inde facta acquisitione de dictis sex sesteiratis bonæ
terræ infra dictam parochiam sancti Petri de Avoiracio, voluit quod
ipse nec sui in futurum amplius teneantur solvere, minimeque sint
astricti de solvendo pentionem predictorum quatuor cestarium bladi
thozelæ capellani dictæ capellaniæ. Nobilis Sicardus de Claromonte
fundator tenore hujus presentis et publici instrumenti elegit et
nominavit in capellanum ejusdem capellaniæ venerabilem virum
dominum Guilelmum Gres presbiterum, atque vult et intendit
dictus dominus de Bosco presentare egregio viro domino archidiacono ecclesiæ cathedralis sancti Genesii Lodovensis ac priori
ecclesiæ sancti Petri de Avoiracio et ejus annexæ sancti sepulcri de
Bosco dicto archidiaconatui unitæ, ut ipsum in eadem capellania
instituat et confirmet. Cuiquidem domino archidiacono idem dominus de Bosco fundator vult et intendit quod institutio dictæ capellaniæ dictis archidiaconis in dicto archidiaconatu in futurum
canonice intrantibus, si existat infra diocesim Lodovensem, perti-
neat et spectet perpetuis temporibus. Si vero ipse dominus archidiaconus non fuerit tempore institutionis infra diocesim Lodovensem,
vult et intentdit dictus fundator quod dominus vicarius perpetuus
ecclesiæ sanci Petri de Avoiracio habeat potestatem presentandi
capellanum in dicta capellania. Dominus Guilelmus Gres capellanus
dictæ capellaniæ et sui in futurum successores capellani ejusdem
capellaniæ teneatur et teneantur, debeatque et debeant ter in
qualibet hebdomada missam in dicta capella et in altare capellæ
beatæ virginis mariæ ejusdem ecclesiæ sancti sepulcri celebrare :

unam videlicet die veneris ad honorem passionis domini nostri Jesu Christi uno die veneris et altero die veneris in honorem sancti spiritus, et quod illo die veneris presbiter qui celebraberit dictam missam, ipsa celebrata, teneatur dicere passionem domini nostri Jesu Christi, et finita passione, absoutam super tumulum sui patris et aliorum parentum suorum unam facere. Et aliam missam teneatur celebrare idem capellanus die dominica ad honorem dictæ gloriosissimæ virginis Mariæ, et finita missa, super dictum tumulum parentum suorum absoutam facere. Aliam vero et tertiam missam tenebitur celebrare ipse capellanus die mercurii pro defunctis, et celebrata dicta missa, tenebitur unam absoutam super dictum tumulum patris sui et aliorum suorum parentum facere perpetuis temporibus. Post cujus quidem domini Guilelmi Gres capellani dictæ capellaniæ obitum et tunc et deinceps quoties dicta capellania vacabit et proprio capellanio carebit, prefatus nobilis Sicardus de Claromonte dominus de Bosco ex nunc retinuit jus patronatus ipsius capellaniæ et jus nominandi, elegendi et presentandi capellanium ejusdem capellaniæ supra dicto domino archidiacono ecclesiæ cathedralis Lodovensis qui est de presente et qui in tempore fuerit, si presens existat in diocesi Lodovensi ; sin autem, domino vicario perpetuo ipsius ecclesiæ sancti Petri de Bosco avoiracii quoties casus occurerit. Post vero obitum dicti domini Sicardi de Claromonte fundatoris, voluit et ordinavit idem dominus de Bosco fundator tenore presentis instrumenti, quod heres suus seu heredes sui et rursum successores heredium successorum et per in perpetuum sint patroni habeantque et habere debeant jus patronatus ipsius capellaniæ, jusque nominandi, elegendi et presentandi in eadem presbiterum idoneum et honestum, volens imo per expressum prohibens quod in futurum in predicta capellania desserviendo, nominetur presentetur aut instituetur aliquis nisi tempore ipsius nominationis, presentationis et institutionis sit in sacris presbiteratus ordinibus constitutus, quibuscumque juribus ad hoc contrariis, non obstantibus quibus sic premissis et in presentia dicti domini vicarii generalis reverendi in Christo patris domini Lodovensis episcopi factis.

Dictus nobilis Sicardus de Claromonte fundator supplicavit humiliter vicario generali ad quem in absentia dicti domini Lodovensis episcopi autorisare, approbare et decernere talia pertinet quatenus in eadem fundatione consentire suum consensum prebere ac autorisare dignetur et vellet. Et tunc dictus dominus vicarius generalis, auditis premissis, cupiens domini cultum in dicta ecclesia sancti Sepulcri augmentare et laudabile propositum dicti domini de Bosco adimpleri ut in domino comendari ad honorem dei ac beatissimæ et gloriosissimæ virginis mariæ ejus matris, in dicta fundatione gratiose consentiit et quantum opus est licentiam, eamdem capellaniam modo premisso sub conditionibus jam dictis dicto domino de Bosco fundatori dedit, attribuit et consentuit. De quibus jam dictus dominus de Bosco humiliter gratias dicto domino vicario generali quantum potuit, retulit.

(Suivent les protestations d'usage, l'engagement des biens du fondateur pour la constitution de la fondation)..... Volens jam dictus dominus Guilelmus de Claromonte fundator quod dictus dominus Guilelmus Gres capellanus supra presentatus et institutus in continenti possit et valeat apprehendere et nantisci possessionem corporalem omnium et singulorum bonorum supra scriptorum licentia cujuscumque personnæ minime requisita vel expectata. Interim vero quo quousque ipsam possessionem inde apprehenderet corporalem. . . . . . .

. . . .

De quibus premissis omnibus et singulis dictus nobilis Sicardus de Claromonte fundator petiit et requisivit per se et suis fieri publicum instrumentum per me notarium publicum infra scriptum. Acta fuerunt hæ omnia ubi et prout supra in presentia et testimonio nobilis et venerabilium et discretorum virorum Pontii de Ruppefolio domini de Villaconio, dominorum Joannis Vinacii jurium bachalarii prioris prioratus dicti loci de Villaconio ac beneficialis in ecclesia cathedralis Lodovensis, Gregorii Becheri presbiteri loci de Celles, magistri Guilelmi de Fabrio notarii loci sancti Johannis de Fortio, habitatorum dicti diocesis Lodovensis testium ad premissa vocatorum. Et me Guilelmus Vidrinis notarius.

XIII.

Actes de baptême, de mariage et de décès de divers membres de la famille Clermont du Bosc.

§ I.

Ce 7° Juillet 1644 est decedé Monsieur Henry de Clermont sieur du Bosc. (*Registre des baptêmes, mariages et décès de la paroisse Saint-Fulcrand, de Lodève.*)

§ II.

A. Cejourd'hui dixieme juin mil six cent trente huit par moi Pierre Balhot, prêtre et vicaire perpetuel de l'Esglise paroissiale du lieu de Loyras, seigneurie du Bosc, a esté baptisé noble Fulcrand de Clermont, fils de Messire Gaspar de Clermont et de dame Jacquette de Roquefeuil. Son parrain a esté noble Fulcrand de Roquefeuil viscomte de la Rode, sa marraine Dame Delphine de Montfaucon ; nâquit le quatorzième Mars dernier. En foy de ce P. Balhiot prêtre, ainsi signé à l'original.

B. Cejourd'huy dernier Juillet mil six cent quarante trois par moi Pierre Balhiot prêtre vicaire perpétuel de l'église paroissièle du lieu de Loyras, seigneurie du Bosc, a été baptisé noble Gabriel de Clermont, fils de Messire Gaspar de Clermont et de dame Jacquette de Roquefeuil. Son parrain a esté noble Gabriel de la Treilhe seigneur de Fosières, sa marraine Dame Louyse de Roquefeuille, dame de Robin, nasquit le vingtième du présent mois. En foi de ce P. Bailhot prêtre. Ainsi signé à l'original.

C. Cejourd'hui vingt quatrième Octobre mil six cent quarante cinq par moy Pierre Balhiot prêtre et vicaire perpétuel de l'Esglise paroissielle du lieu de Loyras, seigneurie du Bosc, a esté baptisé noble Louis de Clermont fils de Messire Gaspar de Clermont et de dame Jacquette de Roquefeuil. Son parrain a esté Monsieur Darpajon, sa marrine Madame de Mansac, nasquit le trentième septembre mil six cent quarante quatre. En foi de ce P. Balhiot, prêtre, ainsi signé à l'original.

D. Cejourd'hui septième Mars mil six cent quarante sept, par moi P. Balhiot a esté baptisé noble Pierre de Clermont, fils de Messire Gaspar de Clermont et de dame Jacquette de Roquefeuil. Son parrin a esté Monsieur de Fenouilhet évesque de Montpelier, sa marrine Madamoiselle de Clermont. Nasquit le cinquieme de ce mois. En foi de ce P. Balhiot.

Etant escrit dans un livre de naissance des enfants dudit seigneur Viscomte du Bosc duquel je vicaire soubsigné ay tiré l'extraict de la soubscription quatre baptesmes des susnommés Fulcrand, Gabriel, Louis et Pierre de Clermont et les ay couché dans le régistre des baptesmes de la paroisse par ordre de Monsieur de Guilleminet vicaire général et prieur dudict Loyras pour estre gardés et suivis en tant que de besoin, lequel livre de naissance desd. de Clermont m'a esté cejourd'hui vingt-deuxième Novembre mil six cent soixante sept exibé et incontinant restiré par la susdite dame Viscomtesse du Bosc et luy en ay expedié un extrait en forme. En foi de ce « Guilleminet V. général ». Vignier pretre et vicaire.

J'ay retiré l'original les batemes.

22 Novembre 1667.

J. de Roquefeuil.

(*Registre des actes de baptême, etc., de la paroisse du Bosc, à l'hôtel de ville de Loiras*).

§ III.

M. Pierre du Bosc, chevalier de Malthe et prieur de Cornus, âgé d'environ 80 ans a esté enseveli ce jourduy 22ᵉ febᵉ 1728 dans l'eglise des RR. peres recolets estant decedé le 21ᵉ dud. mois environ les huit heures du soir pⁿts les soubⁿᵉˢ avec moi curé.

Ollier Pᵗʳᵒ hebd. J. Fabreguettes. Scalier curé.

(Registre de la paroisse St-Fulcrand, de Lodève).

§ IV.

A. — Ce 14ᵉ Decembre 1643 ay baptisé Jean Arnaud de Clermont, fils de noble Henry de Clermont et de damoyselle diane de Latrelhe. Son parin le sieur Arnaud de la traille comandeur de Gresan, sa marine dauphine de Montfaucon vicomtesse du Bosc et né le 23ᵉ du mois de Novembre 1643. (Registre de la paroisse Saint-Fulcrand de Lodève).

B, — Très noble Jean Arnaud de Clermont fils legᵉ et naturel de feu très noble Henry de Clermont des vicomtes du Bosc et de madame Diane de Latreille a espousé demoᵉˡˡᵉ Dauphine de Patoulla fille du sieur François é de demoyselle Jeanne de Julien tous de la presente ville de Lodeve le premier May 1680.

Clermont. Dauphine de Patoullat. Martin. Montels. Jean Brunel. Bertrand caissot. Berger doct. curé.

(Registre de la paroisse Saint-Pierre, de Lodève).

C. — Le deuxième Aout 1711 a esté enseveli dans la chapelle de Monsieur de Fleury noble Jean Arnaud de Clermont qui deceda hier après avoir reçeu le sacrement de l'extreme onction aagé d'environ soixante huit ans pⁿt le venerable chapitre et les soubsignés avec moy curé.

Ollier. Ausselly prᵗʳᵉ. Reveillon prᵗʳᵉ curé.

(Registre de la paroisse St-Fulcrand de Lodève).

§ v.

Le 28ᵉ mars 1649 a esté enterrée damoiselle Anne de Clermont du Bosc femme de M. de Fosieres.

(Registre de la paroisse St-Fulcrand de Lodève).

§ vi.

Le douzieme Juin 1718 les cérémonies du bapteme ont été administrées à Charlote Isabeau de Guillem de Clermont du Bosc, fille de noble Joseph Philippe de Guillem de Clermont marquis du Bosc et de dame Elisabeth Lagreze mariés, qui naquit le vingtième may dernier et feust ondoyée le vingt unième dans la maison par ordre de Monseigneur l'evêque. Son parrain a été messire Joseph Barthelemi de la Greze baron de Cestairol et la marraine dame Charlotte de Calvière prñts soubsignés avec moi curé.

de Clermont du Bosc — Cesteirol — de Calviere du Bosq. — le chevalier du Bosq. — Icher de Rousset. — Lauzieres. — Fosieres. — La Prunarède. — Reveillon pretre curé.

(Registre de la paroisse St-Fulcrand de Lodève).

TABLE DES OUVRAGES CITÉS

DANS LA CHRONIQUE ET DANS LES NOTES.

Affre (H). — *Simples récits historiques sur Espalion.*
— — *Lettres à mes neveux sur l'histoire de l'arrondissement d'Espalion*
Aigrefeuille (d'). — *Histoire de la ville de Montpellier.*
Albisson. — *Lois du Languedoc.*
Almanach Royal, années 1816, 1823, 1824.
Andocque. — *Histoire de Languedoc.*
Anonyme. — *Histoire chronologique des Comtes de Clermont de Lodève.* Cet anonyme est Julien; voir la note II.
P. Anselme. — *Histoire généalogique et chronologique de la Maison Royale de France, des Pairs et des Grands Officiers de la Couronne, etc.* — Revue et augmentée par le P. Ange et le P. Simplicien.
Aubaïs (Marquis d'). — *Pièces fugitives pour servir à l'histoire de France.*
Baluze. — *Histoire de la maison d'Auvergne.*
Barrau (de). — *Documents historiques et généalogiques sur les familles et les hommes remarquables du Rouergue.*
Barthélemy. — *Inventaire chronologique et analytique des chartes de la maison des Baux.*
Basville (de). — *Mémoires pour servir à l'histoire de Languedoc.*
Bejard. — *Recueil des titres et qualités, blasons et armes des Seigneurs barons des États de la Province de Languedoc.*
Beugnot. — *Les Olim ou Registres des arrêts rendus par la Cour du Roi sous les règnes de Saint Louis, de Philippe le Hardi, de Philippe le Bel, de Louis le Hutin et de Philippe le Long.*
Bibliothèque de l'École des chartes.
Brantome. — *Vie de Catherine de Médicis.*

Bulletin de la Société archéologique de Béziers .

CANGE (du). — Historia Byzantina : Familiæ Byzantinæ.

CIACONIUS. — Vitæ et res gestæ Pontificum Romanorum et S. R. E. cardinalium. — Avec les additions de Victorellus et de Ughellus.

COURCELLES (de). — Histoire généalogique des Pairs de France.

DESORMEAUX. — Histoire de la maison de Montmorency.

DUCHÊNE. — Histoire de la maison de Montmorency.

DURAND (A.). — Histoire de la ville de Clermont l'Hérault.

DUSSIEUX. — Généalogie de la maison de Bourbon

ESTIENNOT (le P.). — Bibliothèque historique de la France.

EXPILLY. — Dictionnaire géographique, historique et politique des Gaules et de la France.

FRIZON (Pierre). — Gallia purpurata .

GASTELIER de la TOUR. — Armorial des États de Languedoc.

GILLET (Jean). — Nouveau traité des tutelles et curatelles .

GUICCIARDINI (Francesco). — Histoire d'Italie de 1492 à 1532.

GUICHENON (Samuel). — Histoire de la maison de Savoie.

GUY-ALLARD — Histoire généalogique de la maison de Vesc.

HOZIER (d'). — Armorial général de la France.

LA CHESNAYE DES BOIS (de). — Dictionnaire de la noblesse.

LA ROQUE (G.-A. de). — Traité de la noblesse, de son origine.

LA ROQUE (Louis de). — Armorial de Languedoc.

—   — Annuaire historique et généalogique de Languedoc, année 1862-1863.

LE BLANC (Paul). — Journal de J. Baudouin sur les Grands Jours de Languedoc, 1666-1667.

LEGENDRE. — Vie du cardinal d'Amboise.

LE LABOUREUR. — Additions aux mémoires de Castelnau.

LOUVET (Pierre). — Abrégé de l'histoire de Languedoc.

LUYNES (duc de). — Mémoires.

MAHUL. — Cartulaire et archives des Communes de l'ancien diocèse et de l'arrondissement de Carcassonne.

MAS-LATRIE (de). — Trésor de Chronologie, d'Histoire et de Géographie pour l'étude et l'emploi des documents du Moyen-Age.

MÉON (du). — Histoire de Languedoc.

MENARD. — Histoire de la ville de Nîmes.

MENESTRIER (le P.). — *La nouvelle méthode raisonnée du blason.*

MICHAUD — *Biographie universelle.*

MIGNET. — *Lettres relatives à la succession d'Espagne.*

ONUPHRIUS. — *Epitome Pontificum Romanorum.*

OLDUINUS. — *Vitæ et res gestæ Pontificum Romanorum et S. R. E. cardinalium.*

PANISSE-PASSIS (comte de). — *Les Comtes de Tende de la maison de Savoie.*

PITHON-CURT. — *Histoire de la noblesse du Comté Venaissin.*

PLANTAVIT de la PAUSE. — *Chronologia præsulum Lodovensium.*

Revue des Deux-Mondes, Nº du 15 octobre 1889.

ROBERT (Claude). — *Gallia Christiana.*

SAINTE-MARTHE (Denys). — *Gallia Christiana* continuée par les Bénédictins de la Congrégation de Saint-Maur.

SAINTE-MARTHE (Scevole et Louis). — *Histoire généalogique de la maison de France.*

SAINT-SIMON (duc de). — *Mémoires,* édition Cherruel.

SEGOING (Charles). — *Trésor héraldique.*

SÉVIGNÉ (Madame de). — *Lettres.*

THOMAS (Eugène). — *Dictionnaire topographique du département de l'Hérault.*

Transaction passée entre très haut et très puissant Seigneur Monseigneur Bérenger de Guilhem seigneur de Clermont en Languedoc et les Habitants d'icelle Ville, confirmée et authorisée par le Roy. — 1341-1347.

VERTOT. — *Histoire des Chevaliers de Malte.*

Dom VIC et dom VAISSETTE. — *Histoire générale de Languedoc,* édition Privat.

WALKENAER. — *Mémoires sur Madame de Sévigné.*

CORRECTIONS.

Page 18 ligne 9 : droits regaliens.
» 18 » 17 : éleva.
» 19 » 22 : *per viginti duos annos.*
» 25 » 26 : jugée.
» 26 » 27 : en 1631.
» 27 » 34 : beau-frère.
» 38 » 16 : p. 178.
» 43 » 5 : en la comté.
» 43 » 32 : note XV.
» 46 » 26 : en 1484.
» 48 » 21 ; pp. 125-126.
« 61 » 16 : vers 1581.
» 93 » 3 : le 5 mars.
» 128 » 25 : concile de Latran.

TABLE.

FIN.

ACHEVÉ D'IMPRIMER A MARSEILLE

LE 3 MAI 1892

PAR BARLATIER ET BARTHELET

Rue Venture, 19.

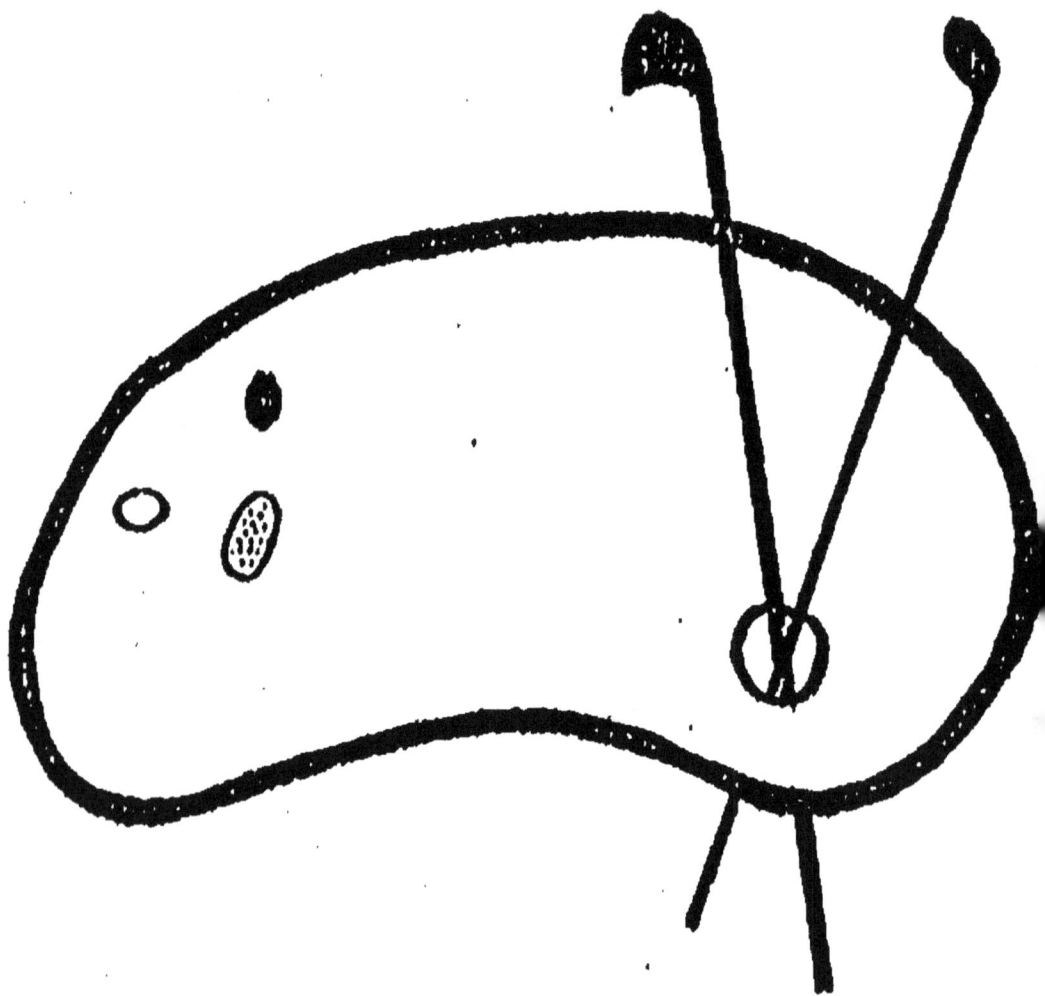

ORIGINAL EN COULEUR
Nº Z 43-120-8

www.ingramcontent.com/pod-product-compliance
Lightning Source LLC
Chambersburg PA
CBHW070812270326
41927CB00010B/2385